全国交通技工院校汽车运输类专业规划教材

汽车营销法规

(汽车商务专业用)

主　编　邵伟军
主　审　蒋志伟

人民交通出版社

内 容 提 要

本书是全国交通技工院校汽车运输类专业规划教材之一,主要介绍了汽车营销法规基本知识、汽车营销产品法规基础、汽车营销合同法规基础、电子商务法规、汽车特殊销售方式法规、汽车营销结算法规、汽车货款追收相关法规、汽车营销秩序法规基础、汽车营销争议的解决等内容。

本书是交通技工院校、中等职业学校汽车商务专业的核心课程教材,也可作为汽车维修技术等级考核及培训用书和相关技术人员的参考用书。

图书在版编目(CIP)数据

汽车营销法规/邵伟军主编. —北京:人民交通出版社,2013.6
全国交通技工院校汽车运输类专业规划教材
ISBN 978-7-114-10597-5

Ⅰ.①汽… Ⅱ.①邵… Ⅲ.①汽车-市场营销-经济法—中国—高等职业教育—教材 Ⅳ.①D922.292

中国版本图书馆 CIP 数据核字(2013)第 092415 号

书　　名:	汽车营销法规
著 作 者:	邵伟军
责任编辑:	李　斌
出版发行:	人民交通出版社
地　　址:	(100011)北京市朝阳区安定门外外馆斜街3号
网　　址:	http://www.ccpress.com.cn
销售电话:	(010)59757973
总 经 销:	人民交通出版社发行部
经　　销:	各地新华书店
印　　刷:	北京交通印务实业公司
开　　本:	787×1092　1/16
印　　张:	10.5
字　　数:	243 千
版　　次:	2013年6月　第1版
印　　次:	2013年6月　第1次印刷
书　　号:	ISBN 978-7-114-10597-5
定　　价:	23.00元

(有印刷、装订质量问题的图书由本社负责调换)

交通职业教育教学指导委员会

汽车(技工)专业指导委员会

主 任 委 员：李福来
副主任委员：金伟强　戴　威
委　　　员：王少鹏　王作发　关菲明　孙文平
　　　　　　张吉国　李桂花　束龙友　杨　敏
　　　　　　杨建良　杨桂玲　胡大伟　雷志仁
秘　　　书：张则雷

Foreword 前言

　　教育部关于全面推进素质教育深化中等职业教育教学改革的意见中提出"中等职业教育要全面贯彻党的教育方针,转变教育思想,树立以全面素质为基础、以能力为本位的新观念,培养与社会主义现代化建设要求相适应,德智体美等全面发展,具有综合职业能力,在生产、服务、技术和管理第一线工作的高素质劳动者和中初级专门人才"。根据这一精神,交通职业教育教学指导委员会在专业调研和人才需求分析的基础上,通过与从事汽车运输行业一线行业专家共同分析论证,对汽车运输类专业所涵盖的岗位(群)进行了职业能力和工作任务分析,通过典型工作任务分析→行动领域归纳→学习领域转换等步骤和方法,形成了汽车运输类专业课程体系,于2011年3月编写并出版了《交通运输类主干专业教学标准与课程标准》(适用于技工教育)。为更好地执行这两个标准,为全国交通运输类技工院校提供适应新的教学要求的教材,交通职业教育教学指导委员会汽车(技工)专业指导委员会于2011年5月启动了汽车运输类主干专业系列规划教材的编写。

　　本系列教材为交通职业教育教学指导委员会汽车(技工)专业指导委员会规划教材,涵盖了汽车运输类的汽车维修、汽车钣金与涂装、汽车装饰与美容、汽车商务四个专业26门专业基础课和专业核心课程,供全国交通运输类技工院校汽车专业教学使用。

　　本系列教材体现了以职业能力为本位,以能力应用为核心,以"必需、够用"为原则;紧密联系生产、教学实际;加强教学针对性,与相应的职业资格标准相互衔接。教材内容适应汽车运输行业对技能型人才的培养要求,具有以下特点:

　　1. 教材采用项目、课题的形式编写,以汽车维修企业、汽车4S店实际工作项目为依据设计,通过项目描述、项目要求、学习内容、学习任务(情境)描述、学习目标、资料收集、实训操作、评价与反馈、学习拓展等模块,构建知识和技能模块。

　　2. 教材体现职业教育的特点,注重知识的前沿性和全面性,内容的实用性和实践性,能力形成的渐进性和系统性。

　　3. 教材反映了汽车工业的新知识、新技术、新工艺和新标准,同时注意新设备、新材料和新方法的介绍，其工艺过程尽可能与当前生产情景一致。

4. 教材体现了汽车专业中级工应知应会的知识技能要求，突出了技能训练和学习能力的培养，符合专业培养目标和职业能力的基本要求，取材合理，难易程度适中，切合中技学生的实际水平。

5. 教材文字简洁，通俗易懂，以图代文，图文并茂，形象直观，形式生动，容易培养学员的学习兴趣，有利于提高学习效果。

本书是根据交通职业教育教学指导委员会交通运输类主干专业教学标准与课程标准"汽车营销法规"课程标准进行编写。它是交通技工院校、中等职业学校的汽车商务专业的核心课程教材。主要介绍了汽车营销法规基本知识、汽车营销产品法规基础、汽车营销合同法规基础、电子商务法规、汽车特殊销售方式法规、汽车营销结算法规、汽车贷款追收相关法规、汽车营销秩序法规基础、汽车营销争议的解决等内容。

本书由杭州技师学院邵伟军担任主编，江苏汽车技师学院蒋志伟担任主审。项目一、项目五、项目六、项目七由杭州技师学院吴华贵编写，项目二、项目三、项目四由杭州技师学院胡新新编写，项目八、项目九由邵伟军编写。本书在编写过程中，得到了部分汽车修理厂家和汽车4S店的支持，在此表示感谢。

由于编者经历和水平有限，教材内容难以覆盖全国各地的实际情况，希望各地教学单位在积极选用和推广本教材的同时，总结经验及时提出修改意见和建议，以便再版时进行修订改正。

交通职业教育教学指导委员会
汽车（技工）专业指导委员会
2013 年 2 月

Contents 目录

项目一　汽车营销法规基本知识 1
　课题一　汽车营销法规概述 1
　课题二　汽车营销法律关系 2
　课题三　汽车营销相关的法律制度 9
　课题四　汽车营销法律关系的保护 12

项目二　汽车营销产品法规基础 15
　课题一　产品质量法 15
　课题二　商标法 30

项目三　汽车营销合同法规基础 40
　课题一　合同订立法规实务 40
　课题二　合同执行法规实务 44

项目四　电子商务法规 53
　课题一　电子商务交易的法律规范 53
　课题二　电子商务相关法律问题 55

项目五　汽车特殊销售方式法规 67
　课题一　代销法 67
　课题二　特许经营法 69
　课题三　政府采购法 73
　课题四　招标投标法 80

项目六　汽车营销结算法规 87
　课题一　现金结算法 87
　课题二　票据结算法规 90
　课题三　非票据结算法 95
　课题四　汽车销售支付结算管理 101

项目七　汽车货款追收相关法规 106
　课题一　快速讨债法 106

课题二　诉讼讨债法 ………………………………………………………… 109
　　课题三　常用讨债法 ………………………………………………………… 112
项目八　汽车营销秩序法规基础 ……………………………………………… 115
　　课题一　反不正当竞争法 …………………………………………………… 115
　　课题二　消费者权益保护法 ………………………………………………… 123
　　课题三　广告法 ……………………………………………………………… 131
项目九　汽车营销争议的解决 ………………………………………………… 140
　　课题一　仲裁法 ……………………………………………………………… 140
　　课题二　诉讼法 ……………………………………………………………… 149
参考文献 ………………………………………………………………………… 159

项目一　汽车营销法规基本知识

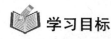学习目标

完成本项目学习后,你应能:
1. 知道汽车营销法规的概念及作用;
2. 知道汽车营销法律关系主体、客体及内容;
3. 陈述常见的企业形式的设立条件及程序;
4. 陈述代理、债权和物权的相关法律制度;
5. 知道汽车营销法律关系的相关内容。

建议课时:4课时。

在汽车市场营销活动中,由于生产者、经营者以及消费者之间存在产品信息的不对称,一些生产者或经营者为实现自身经济利益最大化,利用以次充好、弄虚作假、欺诈等不正当竞争行为,致使其他经营者或消费者的利益遭受损失,因此,规范汽车市场,保障汽车营销市场健康发展,利用法律法规保护自身利益,学习和运用汽车营销相关法律法规至关重要。

课题一　汽车营销法规概述

一、汽车营销法规的概念

汽车营销法规是指国家调整在干预或规范市场营销活动中发生的经济关系法律规范的总称。其主要包括汽车营销产品、汽车营销过程以及汽车营销渠道等方面的法律法规。它既有助国家对市场营销活动有效监督管理,又有助于企业健康运行、防范交易风险,并从本质上维护广大人民群众的根本利益。

与汽车营销相关的法律法规主要有:
(1)《中华人民共和国产品质量法》;
(2)《中华人民共和国商标法》;
(3)《中华人民共和国价格法》;
(4)《中华人民共和国合同法》;
(5)《中华人民共和国反不正当竞争法》;
(6)《中华人民共和国消费者权益保护法》;
(7)《中华人民共和国电子商务法》;
(8)《中华人民共和国特许经营法》;
(9)《汽车品牌销售管理实施办法》等。

二、汽车营销法规的作用

1. 指引作用

汽车营销法规一方面是市场主体相关权利及义务的规定,另一方面也是对汽车营销过程的规定,它为市场主体如何在规范、有序市场环境下追求自身利益确立了行为的标准,发挥着行为的指引功能。

2. 保障作用

在市场经济体制下,市场主体经济利益及社会财富的增长都是依靠各类经营者公平、独立、自主及合法的竞争机制。然而,往往有一些经营者为了自身的利益在市场中弄虚作假、误导和欺诈其他经营者和消费者。因此,营销法规的制定对于抑制市场不正当竞争行为,保障市场主体正常、公正的经济关系以及保护消费者的权益方面发挥着重要的作用。

3. 营造作用

营销法规的实施,不但为企业营运创造了良好的环境,更为企业之间、企业与消费者之间营造了良好的环境,同时也为市场公正、公平、有序的竞争营造了良好的环境。

4. 规范作用

营销法规的制定对约束市场主体的经济行为、规范市场经营环境等方面起到了重要的作用。

5. 促进作用

营销法规的制定一方面促进了企业内部各部门、各环节之间准确高效的运作,同时也促进了企业与企业之间及时、准确、高效的经济联系。使得整个市场经济行为规范、高效、有序的进行,为社会经济的发展产生了良好动力。

想一想:

请举例:在汽车营销过程中,有哪些是得益于汽车营销法规的作用?

课题二　汽车营销法律关系

一、汽车营销法律关系概述

汽车营销法律关系是由营销法律规范所确认和调整的营销主体之间在市场营销活动中所形成的权利与义务关系,主要包括以下三大要素:

1. 营销法律关系的主体

汽车营销法律关系的主体是指参加营销法律关系、依法享有权利和承担义务的当事人,是营销法律关系客体的占有者及营销法律关系内容的实践者。

2. 营销法律关系的客体

汽车营销法律关系的客体是指营销法律关系主体权利及义务所指的对象,是确定营销法律关系内容的依据,是经济权利义务依附的目标和载体。营销法律关系的客体主要包括:

(1)物。是指可以为人所控制的、具有一定经济价值和实物形态的生产资料和消费资料。

(2)智力成果。是指人们通过脑力劳动创造的能够带来经济价值的精神财富,如著作、发现、发明、设计等。

(3)行为。指法律关系主体为达到一定目的所进行的作为或不作为,如生产经营行为、经营管理行为、完成一定工作的行为和提供一定劳务的行为等。

3.营销法律关系的内容

营销法律关系的内容是指营销法律关系的主体所享有的权利和承担的义务,它是营销法律关系的核心,直接体现了营销法律关系主体的要求和利益。

二、有限责任公司

有限责任公司,又称有限公司(CO. LTD)。有限责任公司指根据《中华人民共和国公司登记管理条例》规定登记注册,由2个以上、50个以下的股东共同出资,每个股东以其所认缴的出资额对公司承担有限责任,公司以其全部资产对其债务承担责任的经济组织。

1.设立条件

设立有限责任公司,应当具备下列条件:

(1)股东符合法定人数。法定人数是指法定资格和法定人数两重含义。法定资格是指国家法律、法规和政策规定的可以作为股东的资格。法定人数是《中华人民共和国公司法》规定的设立有限责任公司的股东人数。《中华人民共和国公司法》对有限责任公司的股东限定为2个以上、50个以下。

(2)股东出资达到法定资本的最低限额。公司必须有充足的资金才能正常运营。股东没有出资,公司就不可能设立。股东出资总额必须达到法定资本的最低限额。

小知识:

有限责任公司注册资本最低限额为3万元。股东可以使用货币出资,也可以使用实物、知识产权、土地使用权等非货币资产出资,但全体股东的货币出资额不得低于注册资本的30%。

(3)股东共同制定章程。制定有限责任公司章程,是设立公司的重要环节。公司章程由全体出资者在自愿协商的基础上制定,经全体出资者同意,股东应当在公司章程上签名、盖章。

(4)有公司名称、建立符合有限责任公司要求的组织机构。设立有限责任公司,除其名称应符合企业法人名称的一般性规定外,还必须在公司名称中标明"有限责任公司"或"有限公司"。

建立符合有限责任公司要求的组织机构,是指有限责任公司组织机构的组成、产生、职权等符合《中华人民共和国公司法》规定的要求。公司的组织机构一般是指股东会、董事会、监事会、经理或股东会、执行董事、1~2名监事、经理。股东人数较多,公司规模较大的适用前者,反之适用后者。

(5)有固定的生产经营场所和必要的生产经营条件。

2.设立程序

有限责任公司的设立程序如图1-1所示。

想一想:

"×××有限责任公司"能否被简称为"×××有限公司"?反过来呢?

三、股份有限责任公司

股份有限公司全部注册资本由等额股份构成并通过发行股票(或股权证)筹集资本,股东以其认购的股份为限对公司承担责任,并以其全部资产对公司债务承担有限责任。

小知识:

股份有限公司即股份有限责任公司,它是股份有限责任公司的简称。

1. 设立条件

(1)发起人符合法定资格,达到法定人数。企业发起人必须依法取得创立股份有限公司的资格。股份有限公司的发起人可以是自然人,也可以是法人,但发起人中必须有一半以上在中国境内有住所。此外,股份有限公司的发起人人数应符合2人以上、200人以下的要求。

(2)发起人认缴和向社会公开募集的股本达到法定的最低限额。股份有限公司须具备基本的责任能力,为保护债权人的利益,设立股份有限公司必须要达到法定资本额。我国股份有限公司的资本最低限额不得低于500万元人民币。股份有限公司的资本可以是货币资金,也可以是实物、工业产权、非专利技术以及土地使用权等。但非货币出资时,必须进行评估作价。

(3)股份发行、筹办事项符合法律规定。股份的发行是指股份有限公司在设立时为了筹集公司资本,出售和募集股份的法律行为。设立阶段的发行分为发起设立发行和募集设立发行两种。

(4)发起人制定公司章程,并经创立大会通过。股份有限公司的章程,是股份有限公司重要的文件,其中规定了公司最重要的事项,它不仅是设立公司的基础,也是公司及其股东的行为准则。因此,公司章程虽然由发起人制订,但以募集设立方式设立股份有限公司的,必须召开由认股人组成的创立大会,并经创立大会决议通过。

(5)有公司名称,建立符合公司要求的组织机构。名称是股份有限公司作为法人必须具备的条件。公司名称必须符合企业名称登记管理的有关规定,股份有限公司的名称还应标明"股份有限公司"字样。

(6)有固定的生产经营场所和必要的生产经营条件。

2. 设立程序

股份有限责任公司的设立程序如图1-2所示。

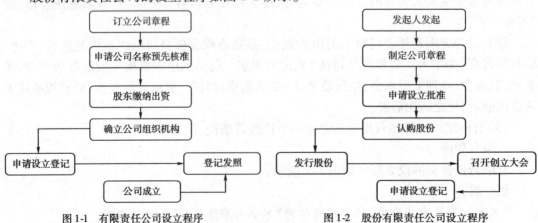

图1-1 有限责任公司设立程序　　图1-2 股份有限责任公司设立程序

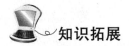
知识拓展

股份有限公司与有限责任公司的区别

1. 两种公司在成立条件和募集资金方面有所不同:有限责任公司的成立条件比较宽松;股份有限公司的成立条件比较严格。有限责任公司只能由发起人集资,不能向社会公开募集资金;股份有限公司可以向社会公开募集资金;有限责任公司的股东人数,有最高和最低的要求;股份有限公司的股东人数,只有最低要求,没有最高要求。

2. 两种公司的股份转让难易程度不同:在有限责任公司中,股东转让自己的出资有严格的要求,受到的限制较多,比较困难;在股份有限公司中,股东转让自己的股份比较自由,不像有限责任公司那样困难。

3. 两种公司的股权证明形式不同:在有限责任公司中,股东的股权证明是出资证明书,出资证明书不能转让、流通;在股份有限公司中,股东的股权证明是股票,即股东所持有的股份是以股票的形式来体现,股票是公司签发的证明股东所持股份的凭证,股票可以转让、流通。

4. 两种公司的股东会、董事会权限大小和两权分离程度不同:在有限责任公司中,由于股东人数有上限,人数相对来说比较少,召开股东会等也比较方便,因此股东会的权限较大,董事经常是由股东自己兼任的,所有权和经营权的分离程度较低;在股份有限公司中,由于股东人数没有上限,人数较多且分散,召开股东会比较困难,股东会的议事程序也比较复杂,所以股东会的权限有所限制,董事会的权限较大,所有权和经营权的分离程度也比较高。

5. 两种公司的财务状况的公开程度不同:在有限责任公司中,由于公司的人数有限,财务会计报表可以不经过注册会计师的审计,也可以不公告,只要按照规定期限送交各股东即可;在股份有限公司中,由于股东人数众多、很难分类,所以会计报表必须要经过注册会计师的审计并出具报告,还要存档以便股东查阅,其中以募集设立方式成立的股份有限公司,还必须要公告其财务会计报告。

四、合伙企业

合伙企业,是指自然人、法人和其他组织依照《中华人民共和国合伙企业法》在中国境内设立的自然人企业。合伙企业不具备法人资格,分为普通合伙企业与有限合伙企业两种形式。

1. 普通合伙企业

普通合伙企业由普通合伙人组成,普通合伙人对合伙企业承担无限连带责任。

1) 设立条件

(1) 两个以上普通合伙人;

(2) 具有书面合伙协议;

(3) 有合伙人认缴或实际缴付的出资;

(4) 有合伙企业的名称和生产经营场所。

(5) 法律、法规规定的其他条件。

2）设立程序

普通合伙企业的设立程序如图1-3所示。

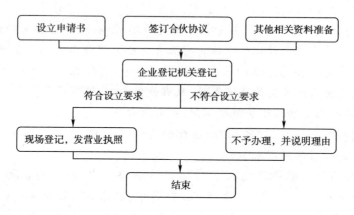

图1-3　合伙企业设立程序

2. 有限合伙企业

有限合伙企业由普通合伙人及有限合伙人组成。普通合伙人对合伙企业债务承担无限连带责任，有限合伙人以其认缴的出资额为限对合伙企业债务承担责任。

1）设立条件

（1）合伙人的组成。由普通合伙人及有限合伙人组成，且至少各有一个普通合伙人及有限合伙人。当有限合伙人少于一人时，应转为普通合伙企业；当普通合伙人少于一人时，公司解散。

（2）合伙人的人数限制。《中华人民共和国合伙企业法》没有对普通合伙企业中合伙人的人数上限做出规定，但依《中华人民共和国合伙企业法》第61条第一款的规定，除法律另有规定外，有限合伙企业由2人以上、50人以下合伙人设立。

（3）合伙协议要件。有限合伙企业的合伙协议除了具备设立普通合伙企业的合伙协议应当载明的事项外，还应当载明：一是普通合伙人和有限合伙人的姓名或者名称、住所；二是执行事务合伙人应具备的条件和选择程序；三是执行事务合伙人权限与违约处理办法；四是执行事务合伙人的除名条件和更换程序；五是有限合伙人入伙、退伙的条件、程序以及相关责任；六是有限合伙人和普通合伙人相互转变程序。

（4）出资要件方面。《中华人民共和国合伙企业法》允许普通合伙人以劳务出资，但依《中华人民共和国合伙企业法》第64条的规定，有限合伙人不得以劳务出资。

（5）名称要件方面。有限合伙企业名称是有限合伙企业区别于其他企业的重要标志。依《中华人民共和国合伙企业法》第62条的规定，有限合伙企业应当在其名称中标明"有限合伙"字样。

2）设立程序

有限合伙企业设立程序如图1-4所示。

五、个人独资企业

个人独资企业，简称独资企业，是指由一个自然人投资，全部资产为投资人所有的营利性经济组织。其典型特征是个人出资、个人经营、自负盈亏和自担风险。

1. 设立条件

(1) 投资人为一个自然人。个人独资企业的投资人必须是一个人,而且只能是一个自然人。此处所称的自然人只能是具有中华人民共和国国籍的自然人,不包括外国的自然人,所以外商独资企业不适用独资企业法,而适用外资企业法。

(2) 有合法的企业名称。独资企业的名称应当与其责任形式及所从事的营业相符合。企业的名称应遵守企业名称登记管理规定。独资企业的名称中不得使用"有限"、"有限责任"字样。

(3) 有投资人申报的出资。独资企业的资本可以是资金、技术、土地使用权等。由于独资企业的出资人承担无限责任,因此独资企业的法规上并不要求个人独资企业有最低注册资金,仅要求投资人有自己申报的出资即可。

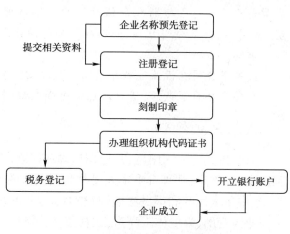

图1-4 有限合伙企业设立程序

(4) 有固定的生产经营场所和必要经营条件。具有固定的生产经营场所及必要的生产经营条件是个人独资企业生存和发展的基本物质条件。其经营场所与经营条件的规模与数量根据企业不同的情况来确定。

(5) 必要的从业人员。个人独资企业应根据生产或经营情况而具有一定人数的从业人员。

2. 设立程序

个人独资企业的设立采取直接登记制,即设立独资企业无须经过任何部门的审批,而由投资人根据设立准则直接到工商行政管理部门申请登记,如图1-5所示。

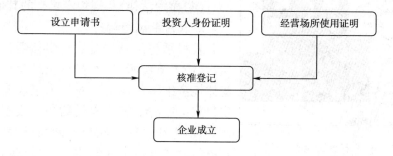

图1-5 个人独资企业的设立程序

案例分析

王某决定出资设立一个小型汽车维修厂,于是说服家人利用家庭财产100万元进行出资,并向工商行政管理部门申请设立登记。在投资人栏目中,王某注明为个人财产,企业名称为"每多汽车维修公司"(简称"每多公司")。工商部门指出了其中的错误。王某更正后,企业注册登记成功。企业成立后,王某聘请吴某管理企业,同时规定,吴某对外签订标的额超过2万元以上的合同,需经王某同意。两个月后,吴某未经王某同意,以每多公司的名义向甲企业购买一批价值3万元的劣质汽车配件。吴某受聘于每多公司后,一直背着王某从自己与别人合伙开办的一家汽配店进货,从中谋利,直到企业解散才被发现。8月后,每多公司亏损,欠乙汽配公司债务无力偿还,王某决定解散企业。

请问:

1. 每多公司在设立过程中有哪些错误之处?

2. 每多公司解散后,债权人乙公司尚未得到清偿的债务应该怎么办?

六、公民(自然人)

公民指具有一国国籍,并根据该国法律规定享有权利和承担义务的人。《中华人民共和国宪法》规定:凡具有中华人民共和国国籍的人都是中华人民共和国的公民。

《中华人民共和国民法通则》中规定:公民在法律允许范围内,依法经核准登记,从事工商业经营的,为个体工商户;农村集体经济组织的成员,在法律允许的范围内,按照承包合同规定从事商品经营的,为农村承包经营户。

1. 个体工商户

申请个体工商户登记,申请人可以采取以下方式提交申请:

(1)到经营场所所在地的工商所。

(2)直接到登记机关的登记场所。

(3)信函、电报、电传、传真、电子数据交换和电子邮件。以此方式提出申请的,申请人应在发出申请后5日内,向登记机关递交申请材料原件。

申请个体工商户设立登记,应当提交下列文件:

(1)申请人签署的个体工商户设立登记申请书。

(2)申请人身份证明。

(3)经营场所证明。

(4)国家法律、法规规定提交的其他文件。

2. 农村承包经营户

农村承包经营户是农村集体经济的一个经营层次(图1-6),所以,农村承包经营户一般为农村集体经济组织的成员。农村承包经营户是由作为农村集体经济组织的成员的一人或多人所组成的农户,但它和以往的农户不同,农村承包经营户是在推行联产承包责任制中,通过承包合同的形式,

图1-6 农村承包经营

把农民家庭由生活单位变成了生产和生活相结合的单位所产生的。在承包合同中,一方总是集体经济组织,另一方是承包经营户,他们或者是本组织的内部成员,或者是非本组织的内部成员,但他们都是农村集体经济组织的成员。

农村承包经营户的"户",可以是一个人经营,也可以是家庭经营,但须以户的名义进行经营活动。

课题三　汽车营销相关的法律制度

一、代理制度

代理是代理人以被代理人名义,在代理授权范围内,与第三人进行的确立被代理人和第三人之间的法律关系的法律行为。

1. 代理制度的特征

(1)代理是一种法律行为;

(2)代理是以被代理人的名义进行,代替代理人进行的法律行为;

(3)代理人的代理行为须在被代理人授权范围之内进行;

(4)代理人在代理人授权范围内进行代理的法律后果直接归属于被代理人。

2. 代理的种类

根据《中华人民共和国民法通则》的相关规定,代理的种类主要有委托代理、法定代理和指定代理。

1)委托代理

是指代理人的代理权根据被代理人的委托授权行为而产生。在委托代理中,被代理人是以意思表示的方法将代理权授予代理人的,故又称"意定代理"或"任意代理"。

2)法定代理

是指根据法律规定,代理无诉讼行为能力的当事人进行诉讼,直接行使诉讼代理权的人。无诉讼行为能力的公民进行诉讼活动只能由其监护人为法定代理人代理其进行行政诉讼活动。

3)指定代理

是指代理人的代理权根据人民法院或其他机关的指定而产生。例如,根据《中华人民共和国民法通则》相关规定,人民法院及村民委员会等有权为未成年人或精神病人指定监护人,也就是指定法定代理人。

3. 无效代理

无效代理是指代理人滥用代理权。代理人滥用代理权而给被代理人或他人造成损害的,必须承担相应的赔偿责任。主要形式有:代理人以被代理人的名义与自己进行的法律行为;代理人同时代理双方当事人进行同一项法律行为;代理人与第三人恶意串通,损害被代理人的利益。

4. 无权代理

无权代理是指没有代理权、超越代理权或代理权终止后而以被代理人名义进行的代理活动。主要情形有:没有合法的授权行为;越权代理;逾期代理。

无权代理是为无效的民事行为,除以下情况外,不对被代理人产生任何法律效力:

(1)在无权代理的情况下,如果经过本人追认或者本人知道他人以本人名义实施民事行为而不作否认表示的。

(2) 表见代理。基于本人的过失或本人与无权代理人之间存在特殊关系,使相对人有理由相信无权代理人享有代理权而与之为民事法律行为,代理行为的后果由本人承受的一种特殊的无权代理。

案例分析

1. 王某与华某(女)于1982年结婚。1995年王某的父亲在老家去世,王某一人奔丧回家,将父亲的后事料理完之后,王某将变卖汽车的18000元钱,连同父亲遗留的5000元钱一起以自己的名义存入银行。1997年,夫妇俩想在家乡开饭馆,华某主张租房,而王某则想买房,最后两人决定让刘某先给他们租三间房,如果有价格合适的房再通知他们。刘某得知一家饭馆正好要出卖,价钱也仅有同地段商品房的2/3,于是刘某没有通知王某夫妇就自己垫付2万元钱以王某的名义先买了下来。知道此事华某坚决反对,认为刘某的行为没有得到他们的授权,应由他自己承担后果;但是王某却同意,并从自己的存款中取出钱汇给刘某,并委托刘某以他的名义办理了产权过户手续。

请问:

刘某的行为是否属于无权代理?其效力对华某最终是否有效?

2. 张某夫妇有一辆奥迪A4轿车,几年前,其子将此汽车卖给王某,但未更名过户,王某使用此车至今。现张某夫妇以不知情为由,起诉至法院,请求确认买卖关系无效。一审判决认为,张某夫妇在其子出卖此车时,提供了相关手续,并且交出了车钥匙。王某有理由相信张某夫妇委托其子出卖此车,并且多年来张某夫妇从未对王某使用此车提出过异议。

请问:

张某夫妇儿子的行为属于何种代理行为?该买卖行为是否有效?

二、债权制度

债权是权力主体请求他人为一定行为(作为或不作为)的民法权利。债权是一种请求权,也是一种法律关系。即按照合同的约定或相关法律的规定,当事人之间产生的特定权利和义务。权利享有者是债权人,义务承担者是债务人。

1. 债权的分类

1)按照债权发生的原因

根据债权发生的原因不同,可以分为合同之债、侵权之债、不当得利之债以及无因管理之债等。

2)按照债的主体为标准

以债的主体为标准,可分为单一之债和多数人之债。债的当事人双方各为一人的,为单一之债;一方或双方为两人或以上的,为多数人之债。多数人之债又可根据主体间的关系,分为按份之债和连带之债;或根据债权、债务能否在主体间分割,分为可分之债与不可分之债。

3)以债的标的为标准

可分为两种:一种是依据债的标的有无选择性,分为简单之债和选择之债;一种是依据债成立时,实际标的是否特定化,分为特定之债与种类之债。

4)以债的执行力为标准

以债的执行力为标准,可分为自然之债和受强制力保护之债。

5）以债与债之间的关系为标准

以债与债之间的关系为标准,可分为主债和从债。主债是从债产生、存在的前提,没有主债便没有从债,主债消灭,从债也随之消灭。但从债的效力,对主债不产生任何影响。

2. 债权发生

1）合同发生

当事人之间设立、变更、终止民事权利义务关系的协议而产生的债权。

2）侵权行为

因过失不法侵害他人民事权利的行为而产生的债权。

3）不当得利

因没有法律上或合同上的依据,使他人合法权益受到损害而自身取得利益的行为而产生的债权。

4）无因管理

没有法定或约定的义务,为减少或避免他人利益受到损害,自愿实施管理或提供服务而产生的债权。

3. 债权的更变

债权的更变包括债权主体的更变和债权内容的更变。

1）债权主体的更变

债权的主体的变更,又称为债权的转移。是在债的内容不变的情况下,债权债务由第三人承受。

（1）债权的转移。债权转移不改变债的内容,债权人将债权转让给第三人。在债权合法转移后,原债权人与债务人之间的债消灭,第三人取代原债权人的地位成为新的债权人,与原债务人形成债权债务关系。

（2）债务的转移。债务转移,亦称债务承担。是指不改变债务的内容,债务人将债务转移给第三人承担。

2）债权内容的更变

指债的内容的更变。债的内容更变必须具备以下条件：一是以原债的存在为前提；二是原存的债的关系及更变后的关系必须有效；三是必须是债的内容的更变；四是必须依当事人的协商一致或法律规定及人民法院的判决。

4. 债权的消灭

债权的消灭,也称债的终止。债权债务关系客观上不再存在了,债的关系也就消灭了。引起债的消灭的原因主要有：

（1）抵消。是指二人互相负有债务,而且给付种类相同,可以本人债务与他方债务,按照对等数额使其相互消灭。

（2）清偿。即合同的履行,按合同的约定实现债权目的的行为,是最常见的合同权利义务终止的原因。

（3）解除。即当事人双方提前终止债权关系。

（4）提存。由于债权人的原因,债务人无法向债权人给付合同标的物时,债务人将合同标的物交付提存机关而消灭合同关系的法律制度。交付合同标的物的债务人为提存人；债权人为提存领受人；交付的标的物为提存物；由国家设立并保管提存物的机关为提存机关。

三、物权制度

物权是民事主体在法律规定的范围内，直接支配特定标的物而享受其利益，并排除他人干涉的权利。

1. 物权的特征

（1）支配权。物权是权利人直接支配的权利，即物权人可以根据自己的意愿对标的物直接行使权利，无须他人的意思或义务人的行为的介入，如图1-7所示。

（2）绝对权。物权的权利主体只有一个，权利人是特定的。

（3）财产权。物权是一种具有物质内容的、直接体现为财产利益的权利，财产利益包括对物的利用、物的归属和就物的价值设立的担保。

（4）物权的客体是物。

（5）排他性，即一物一权。

（6）物权必须具有公开性，因此物权必须要公示。

（7）物权具有优先效力，即具有优先权。

图1-7 物权法

2. 物权的交付

根据具体物是否可动性，物权可以分为动产物权和不动产物权。汽车属于动产物权，遵循动产物权的相关法律规定。动产物权的交付规定如下：

（1）动产物权的设立和转让，自交付时发生效力，但法律另有规定的除外。

（2）机动车物权的设立、变更、转让和消灭，未经登记，不得对抗善意第三人。

（3）动产物权设立和转让前，权利人已经依法占有该动产的，物权自法律行为生效时发生效力。

（4）动产物权设立和转让前，第三人依法占有该动产的，负有交付义务的人可以通过转让请求第三人返还原物的权利代替交付。

（5）动产物权转让时，双方又约定由出让人继续占有该动产的，物权自该约定生效时发生效力。

课题四 汽车营销法律关系的保护

一、汽车营销法律关系的发生、变更和消灭

汽车营销法律关系的发生，是指根据法律规范在营销法律关系主体之间形成一定的权利和义务关系；汽车营销法律关系的变更，是指营销法律关系主体、内容或客体的变化；营销法律关系的消灭，是指营销法律关系主体之间的权利和义务关系的终止。汽车营销法律关系的发生、变更及消灭要求具备以下三个条件：

(1)有相应的法律规范的依据；
(2)有营销法律关系主体；
(3)有法律事实出现。

根据营销法律事实是否与法律主体的意志有关,可以将其分为行为和事件两大类。

1)行为

行为是指以主体意志为转移、能够引起法律关系发生、变更或消灭的人们的有意识的活动。行为按照其性质可以分为合法行为和违法行为。

合法行为是指符合经济法律规范要求的行为。如登记行为或监督行为等。

违法行为是指违反营销法规,侵犯其他主体权利的行为。如侵权可以引起民事诉讼和损害赔偿关系,违反行政法规可以引起行政处罚和行政处分关系。

2)事件

事件是指不以人的主观意志为转移的,能够引起法律关系发生、变更和消灭的客观事实。事件可以是地震、洪水或台风等自然现象,也可以是战争、重大政策等社会现象。不管是自然现象还是社会现象,它们的出现都不以当事人的意志为转移,具有不可抗力的特征。

案例分析

驾驶员王某与汽车出租公司签订了出租车营运合同。合同规定王某承包汽车出租公司的出租车进行营运,并每月向出租公司上交3000元。合同签订后2个月,本市发生重大地震灾害,导致王某所租赁出租车无法营运。

请问：

发生地震灾害的本月,王某是否有责任向出租公司缴纳3000元？

二、违反汽车营销法规的法律责任

1. 法律责任与法律制裁

法律责任是指法律关系主体由于违法行为、违约行为或者由于法律规定而应承受的某种不利的法律后果。法律责任产生的原因大体上可以分为三种：一是侵权行为,即侵犯他人的财产权利、人身权利等；二是违约行为,即违反合同规定,没有履行合同法律关系中作为或不作为的义务；三是法律规定,即无过错推定责任或严格责任。

法律制裁是有特定国家机关对违法者以其所应付的法律责任而事实的强制性惩罚措施。

法律责任与法律制裁的联系：法律制裁是承担法律责任的重要方式,法律责任是前提,法律制裁是结果或体现。法律制裁的目的是强制责任承担不利的法律后果,惩罚违法者,恢复被侵害权利和法律秩序。

法律责任与法律制裁的区别：法律责任不等于法律制裁。当责任人履行了应当承担的法律责任后,法律制裁就不存在。只有由特定国家机关凭借国家强制力追究违法者的法律责任时,才成为法律制裁。

2. 承担法律责任的原则

1)过错责任原则

过错责任原则是我国法律确认的,在追究违法主体的法律责任中是普遍适用的一项原则。其主要包括:有违法行为、行为人有过错,这种过错包括故意或过失、有损害或危害的事实以及违法行为与危害事实之间具有因果关系。

2)无过错责任原则

无过错原则是指在有法律直接规定的情况下,无论行为人有无过错都要对其行为导致的损害事实承担责任的原则。

3.法律责任的种类

根据我国相关法律规定,违反法律、法规应当承担的法律责任可以分为民事责任、行政责任和刑事责任三种。

1)民事责任

民事责任是指民事主体因违反民事义务或者侵犯他人的民事权利所应承担的法律责任。民事责任的种类包括:违反合同的民事责任、侵权的民事责任以及不履行其他义务的民事责任。根据发生损害事实的情况和后果,《民法通则》规定了承担民事责任的10种方式:①停止侵害;②排除妨碍;③消除危险;④返还财产;⑤恢复原状;⑥修理、重做、更换;⑦赔偿损失;⑧支付违约金;⑨消除影响、恢复名誉;⑩赔礼道歉。

2)行政责任

行政责任是指经济法主体违反经济法律法规依法应承担的行政法律后果,包括行政处罚和行政处分,其种类主要有:①警告;②罚款;③没收违法所得、没收非法财物;④责令停产停业;⑤暂扣或吊销许可证、暂扣或吊销执照;⑥行政拘留;⑦法律、行政法规规定的其他行政处罚。

3)刑事责任

刑事责任是指触犯国家刑法的犯罪人所应承受的国家审判机关给予的不利后果的法律追究。根据我国刑法规定,刑罚主要分为主刑和附加刑两大类。主刑有管制、拘役、有期徒刑、无期徒刑、死刑,附加刑有罚金、剥夺政治权利、没收财产等。

小知识:

民事责任、刑事责任、行政责任最主要区别在于三者调整对象、种类、法律范畴不同。民事责任民事主体是违反民事法律规范,行政责任是个人或单位违反行政管理方面的法律规定,刑事责任是个人或单位违反形式法律规范。

一般来说,民法调整平等公民(法人)之间人身、财产关系,行政法调整行政机关与相对人的关系,刑法调整犯罪范畴。

项目二　汽车营销产品法规基础

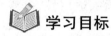学习目标

完成本项目学习后,你应能:
1. 熟悉产品质量法规中的相关概念;
2. 理解产品质量监督管理制度的内容;
3. 阐述生产者、销售者关于产品质量的责任和义务;
4. 知道产品召回制度及汽车三包相关法规;
5. 说出商标的概念、构成要素及类别;
6. 辨别常见的汽车商标;
7. 理解商标的注册、使用程序及注意事项;
8. 熟悉常见的汽车商标侵权形式。

建议课时:14课时。

在市场营销中,产品是市场交易的核心。企业若想在市场中获得生存甚至发展,就必须遵守市场交易的基本要求,在追求自身利益的同时,必须确保消费者的合法权益。一方面要树立现代产品质量观念,另一方面更要熟悉并切实遵守《中华人民共和国产品质量法》、《中华人民共和国商标法》、《缺陷汽车产品召回管理规定》、《家用汽车产品修理、更换、退货责任规定(草案)》等法律法规,才能在市场中立于不败之地。

课题一　产品质量法

一、产品质量法概述

1. 产品和产品质量的概念

1)产品

产品是指人们运用劳动手段对劳动对象进行加工而成,用于满足人们生产和生活需要的物品。我国《中华人民共和国产品质量法》(以下简称《产品质量法》)对产品范围的界定如下:

(1)经过加工、制作和用于销售的产品属于该法调整的产品。未经加工的产品(如天然品)以及不是为了销售而加工制作的物品就不是《产品质量法》意义上的产品;

(2)不包括不动产——建筑工程;

(3)不适用军工产品;

(4)不适用未经加工的初级农产品;

(5)在中国境内销售的属于《产品质量法》所称的产品范围内的进口产品,适用《产品质量法》有关规定。

想一想:

讨论并判断《产品质量法》中的产品包不包括"汽车"。

2)产品质量

产品质量是指产品所应具有的、符合人们需要的各种特性,如安全性、适用性、可靠性等。

产品质量法所讲的"产品质量"是指国家法律、法规和质量标准等所确定的或由当事人在合同中所约定的有关产品适用、安全和外观等特性的综合。

产品质量的内容随经济、科技的发展及人们需要的变化,在不断丰富和发展。目前产品质量问题大体分为产品不适用和产品不安全两大类,前者多由于产品瑕疵而形成,后者多由于产品缺陷而发生。

2. 产品质量法概述

产品质量法是调整产品生产与销售,以及对产品质量进行监督管理过程中所形成的社会关系,而由国家制定的法律规范的总称。

广义的产品质量法是指以产品质量为对象,由不同立法机关制定并具有不同层次效力的法律、法规所组成的产品质量法律体系。

狭义的产品质量法特指1993年2月22日第七届全国人大常委会第三十次会议通过的、2000年7月8日第九届全国人大常委会第十六次会议修正的《产品质量法》,如图2-1所示。

图2-1 中华人民共和国产品质量法

二、产品质量监督管理法律制度

产品质量监督管理制定是指国家有关部门及由有关部门授权的质量监督机构、消费者组织和个人,依照一定的标准体系或合同要求,采用一定的技术和法律手段,对生产者和销售者生产经营的产品质量进行检查、监督、处罚和奖励的制定体系。

1. 产品质量监督管理体制

产品质量监督管理体制是指有关产品质量监督管理的主体、职责、权限、方式和方法等。按照《产品质量法》的规定,我国的产品质量监督体制,包括以下机构:

(1)国务院产品质量监督管理部门,负责全国产品质量监督管理工作。

(2)县级以上地方人民政府管理产品质量监督工作的部门, 负责本行政区域内的产品质量监督管理工作。

(3)国务院和县级以上地方人民政府设置的有关行业主管部门。

2. 产品质量监督管理的主要制定

产品质量管理和监督是一种系统的管理制定,由5个方面组成,主要内容见表2-1。

产品质量监督管理制度的5个组成 表2-1

产品质量检验制定	产品质量检验是指检验机构根据特定标准对产品品质进行检测,并判断合格与否的活动。不得以不合格产品冒充合格产品。产品或其包装上的标志,要有产品质量检验合格证明。产品出厂要检验,商家进货也要检验。通过检验,把好产品质量关。产品质量检验机构必须具备相应的监测条件和能力,经有权考核的部门考核合格后,方可承担产品质量检验工作
企业质量体系认证制定	企业质量体系认证制定是指国务院产品质量监督管理部门或由其授权的部门认可的认证机构,依据国际通用的"质量管理和质量保证"系列标准,对企业的质量体系和质量保证能力进行审核合格,颁发企业质量体系认证证书以兹证明的制定
产品质量认证制定	我国参照国际先进的产品标准和技术要求,推行产品质量认证制定。企业自愿申请产品质量认证,接受其申请的部门是国务院产品质量监督管理部门或国务院产品质量监督管理部门授权的部门认可的机构。企业提出认证申请后,经认证合格的,由认证机构颁发产品质量认证证书,准许企业在产品或包装上使用产品质量认证标志
标准化管理制定	我国按照世界上的通行做法实行产品质量的标准化管理,把产品标准划分为国际标准、国家标准、部颁标准(行业标准)、地方标准和企业标准等。对可能危及人体健康和人身、财产安全的工业成品,法律要求必须符合保障人体健康、人身及财产安全的国家标准、行业标准(强制性标准)。对于一般的产品,到底采用何种标准,法律不作统一要求,只是鼓励达到并且超过高标准。对于国际标准不作强制性要求,而是鼓励采用
产品质量监督检查制定	(1)国家行政监督:国家对产品质量实行以抽查为主要方式的监督管理制定。其范围是:①对可能危及人体健康和人身财产安全的产品;②影响国计民生的重要工业产品;③用户、消费者和有关组织反映有质量问题的产品。 (2)用户和消费者直接监督:《产品质量法》规定,消费者有权就产品质量问题向产品的生产和销售者查询;向产品质量监督管理部门、工商行政管理部门及有关部门申诉,有关部门应当负责处理。 (3)社会监督:是指社会各级消费者协会和其他消费者组织、社会媒体及个人都有权依照国家产品质量法的规定对产品质量进行监督

三、生产者、销售者关于产品质量的责任和义务

1. 生产者的产品质量责任和义务

《产品质量法》规定,生产者应当对其生产的产品质量负责,见表2-2。

此外,生产者必须禁止的行为有:不得生产国家明令淘汰的产品;不得伪造产地,不得伪造或者冒用他人的厂名、厂址;不得伪造或者冒用认证标志等质量标志;不得掺杂、掺假,不得以假充真、以次充好,不得以不合格产品冒充合格产品。

2. 销售者的产品质量责任和义务

1) 义务

销售者应当建立并执行进货检查验收制度,验明产品合格证明和其他标志;应当采取

措施,保持销售产品的质量;销售的产品的标志应当符合《产品质量法》的规定。

2)禁止的行为

销售者不得销售国家明令淘汰并停止销售的产品和失效、变质的产品;不得伪造产地,不得伪造或者冒用他人的厂名、厂址;不得伪造或者冒用认证标志等质量标志;不得掺杂、掺假,不得以假充真、以次充好,不得以不合格产品冒充合格产品。

生产者的责任　　　　　　　　　　　　　表2-2

产品质量	(1)不存在危及人身、财产安全的不合理的危险,有保障人体健康和人身、财产安全的国家标准、行业标准的,应当符合该标准; (2)有应当具备的使用性能,或对产品存在使用性能的瑕疵做出说明; (3)在产品或者其包装上注明采用的产品标准,或以产品说明、实物样品等方式表明质量状况
产品或者其包装上的标识必须真实	(1)有产品质量检验合格证明; (2)有中文标明的产品名称、生产厂厂名和厂址; (3)根据产品的特点和使用要求,需要标明产品规格、等级、所含主要成分的名称和含量的,用中文相应予以标明;需要事先让消费者知晓的,应当在外包装上标明,或者预先向消费者提供有关资料; (4)限期使用的产品,应当在显著位置清晰地标明生产日期和安全使用期或者失效日期; (5)使用不当,容易造成产品本身损坏或者可能危及人身、财产安全的产品,应当有警示标志或者中文警示说明; (6)裸装的食品和其他根据产品的特点难以附加标志的裸装产品,可以不附加产品标志
正确包装	易碎、易燃、易爆、有毒、有腐蚀性、有放射性等危险物品以及储运中不能倒置和其他有特殊要求的产品,其包装质量必须符合相应要求,依照国家有关规定做出警示标志或者中文警示说明,标明储运注意事项

四、产品质量责任

1.产品质量责任的概念及种类

违反产品质量法的法律责任,即产品质量责任,是指生产者、销售者、储运者及对产品质量负有直接责任的人违反产品质量义务应承担的法律后果。

产品质量责任主要有以下3种,见表2-3。

产品质量责任的三个典型类型　　　　　　　　　　表2-3

产品质量民事责任	产品质量民事责任是指产品的生产者和销售者因违反产品质量法规定的或合同当事人约定的产品质量义务应当承担的法律后果,包括产品质量侵权责任和产品质量违约责任
产品质量行政责任	产品质量行政责任是指生产者和销售者因违反产品质量监督管理法律法规而应承担的法律后果,包括对生产者和销售者的行政处罚和对个人责任者给予行政处分
产品质量刑事责任	产品质量刑事责任是指生产者、销售者违反法律规定的产品质量义务并触犯刑事法律构成犯罪时,由司法机关按照刑事法律的规定强制其承担法律后果,即由于产品质量的原因造成人身伤亡、财产损害触犯刑事法律的,对责任人应追究刑事责任

2.产品质量责任的构成要件

1)产品本身有缺陷

产品责任是以进入流通领域中的产品存在缺陷,并造成受害人损害为基础的。《产品质量法》第46条规定:"本法所称缺陷,是指产品存在危及人身、他人财产安全的不合理的危险;产品有保障人体健康和人身、财产安全的国家标准、行业标准的,是指不符合该标准。"

产品的质量缺陷一般可分为以下4种情况:

(1)设计上的缺陷,是指产品在设计上存在着不安全和不合理的因素。

(2)制造上的缺陷,是指产品在加工、制作和装配等制造过程中,不符合设计规范,或不符合加工工艺要求,没有完善的控制和检验手段,致使产品存在不安全的因素。

(3)指标上的缺陷,是指在产品的警示说明上或在产品的使用指标标志上未能清楚地告知使用人应当注意的使用方法,以及应当引起警惕的注意事项;或产品使用了不真实、不适当的甚至是虚假的说明,致使使用人遭受损害。

(4)发展上的缺陷,是指产品的制造虽已符合当时的科学技术标准,但由于受当时科技水平限制,仍不免存在的缺陷。

因前3种产品质量缺陷造成损害的,应承担产品质量责任;第4种缺陷造成损害的,不负产品质量责任。

2)必须有人身伤亡或财产损失的事实

构成产品质量法律责任,除了当事人违反产品质量法的行为之外,还要求有客观上损害的事实。这里的损害,不是指产品本身的损坏和毁灭,而是指产品造成了他人的人身伤害、死亡和财产损失。例如,食品变质造成食用者中毒,冰箱漏电击伤使用者等。

3)产品缺陷与损害事实之间存在因果关系

只有实施了违反产品质量法的行为,还必须造成了人身、财产损害的事实,才能承担产品质量法律责任。因果关系是产品质量法律责任的一个重要构成要件。

承担责任需视其有无人身伤亡或财产损失的事实,但并不要求受侵害人要负举证责任,证明侵权人在主观上有过错。

3.产品质量责任的归责原则与免责条件

1)我国产品质量法中的归责原则

《产品质量法》采用过错责任原则与无过错责任并存的立法模式。

(1)对销售缺陷产品造成人身、他人财产损害的销售者适用过错责任原则。

(2)对缺陷产品致人损害的生产者及不能指明缺陷产品生产者的销售者,适用无过错责任原则。

2)产品质量责任的免责事由

产品质量责任的免责是指在产品责任事故发生后,被告人能够证明有法定的免责条件的存在而可以全部或部分免除赔偿责任,具体如下:

(1)未将产品投入流通。生产者只要证明其未将有关产品投入流通,即对非经商业渠道进入使用和消费领域的有关产品造成的损害结果不负责任。

(2)产品投入流通时,引起损害的缺陷尚不存在。生产者和销售者如果证明造成损害结果的产品缺陷在离开其控制之前并不存在,则不负产品责任。但是,如果产品的缺陷是运输或仓储过程中因储运人的过错造成的,生产者和销售者仍须承担责任。

(3) 将产品投入流通时的科学技术水平尚不能发现缺陷的存在。生产者如果能证明在产品投入商业流通时,由于当时的科学技术水平所限而未能发觉该产品的潜在危险,生产者对此种产品缺陷所引起的损害不负责任。

(4) 受害人自身的过错。由于受害人自己的过错,如擅自改变产品的结构和性能等,生产者和销售者不负责任。如果损害是由受害人和生产者、销售者共同造成的,即受害人与生产者、销售者构成共同过错,则可视其责任的大小而相应减轻生产者和销售者的责任。

4. 产品质量民事责任

产品质量民事责任的形式主要有三种,见表 2-4。

产品质量民事责任的三种形式　　　　　表 2-4

产品瑕疵责任	(1) 不具备产品应当具备的使用性能而事先未作说明的;不符合在产品或其包装上注明采用的产品标准的;不符合以产品说明和实物样品等方式表明质量状况的。 (2) 出现以上 3 种情形之一的,销售者应当负责修理、更换和退货;给购买产品的用户和消费者造成损失的,销售者应当赔偿损失。 (3) 属于生产者的责任或属于向销售者提供产品的其他销售者的责任的,销售者有权向生产者和供货者追偿。
产品缺陷责任	(1) 产品具有"不合理危险"或不符合保障安全的国家标准和行业标准,存在造成人身损害及缺陷产品以外的其他财产损害的可能性。 (2) 可分为以下两种:①生产者产品缺陷责任。《产品质量法》规定:"因产品存在缺陷造成人身、缺陷产品以外的其他财产(以下简称他人财产)损害的,生产者应当承担赔偿责任。"②销售者产品缺陷责任。《产品质量法》规定:"由于销售者的过错使产品存在缺陷,造成人身、他人财产损害的,销售者应当承担赔偿责任。销售者不能指明缺陷产品的生产者也不能指明缺陷产品的供货者的,销售者应当承担赔偿责任。"
产品质量赔偿责任	(1) 根据《民法通则》和《产品质量法》的有关规定,消费者、用户因使用存在缺陷的产品造成损害的,受害人可以向产品的生产者要求赔偿,也可以向产品的销售者要求赔偿。因此,产品质量责任诉讼中的被告人既可以是生产者,也可以是销售者。 (2) 产品缺陷导致损害的赔偿主要有以下两种情况:①人身伤害的赔偿;②财产损害的赔偿

5. 产品质量行政责任和刑事责任

1) 产品质量行政责任

(1) 承担行政责任的违法行为。违法行为包括:生产、销售不符合保障人体健康,人身、财产安全的国家标准、行业标准的产品;生产国家明令淘汰的产品;生产者、销售者在产品中掺杂、掺假,以假充真、以次充好,或以不合格产品冒充合格产品;销售失效、变质的产品;伪造产品的产地,伪造或冒用他人的厂名、厂址,伪造或冒用认证标志、名优标志等质量标志;产品或包装上的产品标志不符合法律规定;伪造检验数据或检验结论等。

(2) 承担行政责任的形式。质量技术监督部门、工商行政管理部门依照各自的职权,对违反产品质量法的行为可以责令纠正,并给予下列行政处罚:警告,罚款,没收违法生产、销售的产品和没收违法所得,责令停止生产、销售,吊销营业执照等。另外,《产品质量法》第65~68条规定了对有关人员的行政处分。

2)产品质量刑事责任

可分为两大类:第一类是产品质量监督部门或工商行政管理部门的工作人员滥用职权、玩忽职守、徇私舞弊构成犯罪的,依法追究刑事责任。第二类是生产者、销售者违反《产品质量法》各项义务构成犯罪或以暴力、威胁方法阻碍产品质量监督部门或工商行政管理部门的工作人员依法执行职务的,依法追究刑事责任。

案例分析

上海大众气囊未开致乘客死亡

案情回放:2005年12月15日晚,原告刘利军驾驶一辆车牌号为临豫C19×××的帕萨特轿车行至309省道时,与一辆面包车追尾相撞,将面包车撞出50多米后,该轿车又连撞折两棵大杨树后,安全气囊仍未打开。乘坐在副驾驶位上的刘利军之妻温小霞,因颅脑损伤当场死亡。

原告刘利军认为:该车发生严重碰撞后,安全气囊未弹出,属于严重的产品质量缺陷,这是造成死者温小霞颅脑损伤的直接因素,大众公司应对温小霞死亡承担全部法律责任。

上海大众公司认为:经公司派员赴现场勘查,车辆的气囊系统工作正常,车辆在事故中发生追尾相撞后倾翻,还未达到气囊控制器打开正面气囊的条件,因此该车辆的正面安全气囊未触发。温小霞的死亡是肇事者造成的,应由肇事者承担责任。

该车的汽车产品说明书中写道:根据帕萨特轿车使用维护说明书中对安全气囊系统作用的说明,安全气囊设计的作用是在发生严重的正面碰撞时安全气囊被激活打开,对正副驾驶位置上的乘坐人起到保护作用。

上海大众认为:涉案车辆出厂时已经检验合格,经检测,安全气囊也没有故障。通过对车辆的检查,发现碰撞主要来自右侧,正面碰撞较轻,这才导致安全气囊没有打开。

然后,在刘利军看来,正面碰撞不但不算轻,而且是很重。因为:轿车先是追尾将面包车撞出50米远,后又撞断两棵树,致使轿车正面严重变形,副驾驶位上的妻子甚至已在事故中死亡,这正面碰撞难道还不算"严重"?

双方争执不下,刘利军将上海大众与汽贸公司同时诉至武陟县人民法院,并请求判令其赔偿各种费用47万余元。

问题:

请根据您所学知识(生产者、销售者的责任与义务等),对本案例进行分析并作出合适的判决,并讲明原因。

五、产品召回制度

1. 召回制度的含义

1)召回

按照《缺陷汽车产品召回管理规定》要求的程序,由缺陷汽车产品制造商进行的消除其产品可能引起人身伤害、财产损失的缺陷的过程,包括制造商以有效方式通知销售商、修理商、车主等有关方面关于缺陷的具体情况及消除缺陷的方法等事项,并由制造商组织销售商、修理商等通过修理、更换、收回等具体措施有效消除其汽车产品缺陷的过程。

2）召回制度

汽车召回制度就是投放市场的汽车，发现由于设计或制造方面的原因存在缺陷，不符合有关法规、标准，有可能导致安全及环保问题，厂家必须及时向国家有关部门报告该产品存在问题、造成问题的原因、改善措施等，提出召回申请，经批准后对在用车辆进行改造，以消除事故隐患。厂家还有义务让用户及时了解有关情况。

2. 召回制度的形式

1）自我认证

产品生产出来后，生产企业自己认为符合国家的相关法规就可以销售，不需要得到政府的生产批准，也不需要政府去做实验，检查其是否符合法规。

一旦产品不符合国家的相关法规，政府要通知生产商，生产商可以做出解释；在生产商和政府都确认产品不符合法规后，生产商开始着手召回，但并不是换车，而是将车辆不符合法规的地方更换。

自我认证是生产企业自我保证的制度，需要完善的法律、法规保证，需要全民法律意识的普及。目前在美国实行。

属于被召回的车辆不是我们国内所认为的假冒伪劣产品，或是质量极差的车，而是厂家在汽车设计和生产过程中，由于设计人员的知识水平、当时的生产状况、公司当时的实力有限，有可能没有预想到会发生问题。在实际使用中出现的问题只有与安全、节能、污染控制和防盗有关，才能被列入召回之列。

2）形式认证

我国比较适合实施形式认证制度，即企业在产品投产以前，先要拿一个产品做实验，由政府验收批准后，才可以进行生产。政府对已投产的产品进行一致性的监控，保证消费者和社会公众利益不受侵害。

3. 国外汽车召回制度的实行

汽车召回在美国、欧洲、日本、韩国等国家早已不是一件新鲜事。

1）美国

美国的召回历史最长，相关的管理程序也最严密。早在1966年就开始对有缺陷的汽车进行召回了。召回主管部门为美国国家高速公路交通安全局（NHTSA），关于召回的法规参见美国《国家交通和机动车辆安全法》和美国法典第49条第301章。

至今美国已总计召回了2亿多辆整车，2400多万条轮胎。涉及的车型有轿车、卡车、大客车、摩托车等多种，全球几乎所有汽车制造厂在美国都曾经历过召回案例。在这些召回案例中，大多数是由厂家主动召回的，但也有一些是因NHTSA的影响或NHTSA通过法院强制厂家召回的。

美国法律规定，如果汽车厂家发现某个安全缺陷，必须通知NHTSA以及车主、销售商和代理商，然后再进行免费修复。NHTSA负责监督厂家的修复措施和召回过程，以保证修复后的车辆能够满足法定要求。

2）法国

法国实行汽车召回制度也有了相当长的时间，对缺陷汽车召回已经形成了比较成熟的管理制度,并正在进一步完善商品召回方面的有关法律法规。在法国,汽车召回属于各种商品召回的一部分,其法律依据是法国消费法的L221-5条款。这一条款授权政府部门针对可能对消费者造成直接和严重伤害的产品发出产品强制召回令。

在实际操作过程中,政府很少通过发布政令的方式来进行强制性的商品召回,而是鼓励生产厂商自行进行商品召回。只有当问题商品对消费者构成严重威胁,或生产厂商对存在的安全问题没有给予应有的重视时,才会通过法律手段强制生产厂商实行召回。

通常,厂商在发现缺陷时,会首先拟定一份新闻通告,说明产品存在的问题和可能导致的危险,要求消费者尽快送还问题商品。新闻通告一般首先送往法新社,经其播发后,全国主要报纸一般都会予以转载。与此同时,厂商还会以广告的方式在广播、电视以及影响较大的地方报纸和专业杂志上(如汽车杂志)发布召回通告。当然,对于汽车和大型家用电器,由于商家一般都会保留消费者的姓名和地址等资料,因此也可以直接通过投寄信件的方式进行通知。近年来随着互联网的日益普及,一些网站上也长期登载商品召回信息,如CEPR(欧洲风险预防中心)的网站就是这个领域的专业网站。

作为主管部门,法国公平贸易、消费事务和欺诈监督总局在厂商决定对其产品进行召回处理时,将予以全面的协作和监督。但是,法国的汽车制造商在决定采取召回行动时并没有通报主管部门的义务,因为有关法规中没有这方面的规定。公平贸易、消费事务和欺诈监督总局往往是通过专业杂志或有关网站来了解汽车召回的信息。

近年来,汽车生产厂商同主管部门的协调正在不断加强,双方之间的对立关系也正在发生变化。许多厂商也认识到,他们通过同主管部门加强关系能够得到不少帮助;而主管部门近年来也正在试图改变自己的形象,努力成为能够在厂商处理安全问题时提供专业知识的对话者。

3)日本

日本从1969年开始实施汽车召回制度,1994年将召回写进《公路运输车辆法》,并在2002年做了进一步修改和完善。截至2001年日本共召回缺陷车辆3483万辆,仅2001年就召回329万辆。其中,大多数是由企业依法自主召回。

4)韩国

韩国从1992年开始进行汽车召回,当年只召回了1100辆,无论是汽车厂家还是车主对召回的认识都不十分清楚。但随着政府对汽车安全的要求更加严格,车主权利意识的不断提高,召回数量在不断增加。到2000年,召回数量增加到56万辆,2001年57万辆,2002年129万辆。这并不是说汽车质量下降了,而是说明公众的质量意识提高了。

4. 我国召回制度的法规依据

国家质检总局组织国内有关专家成立课题组,根据《中华人民共和国产品质量法》,并借鉴国际上相对成熟的管理经验,分析我国现实情况,在充分调研的基础上,起草了《缺陷汽车产品召回管理规定》和《家用汽车产品修理更换退货责任规定》,其中《缺陷汽车产品召回管理规定》(以下简称《召回管理规定》)已于2004年3月15日出台。这是我国以缺陷汽车产品为试点首次实施召回制度。

5. 我国召回制度的意义、范围、分类和管理

1)我国召回制度的意义

目前我国每年因交通事故死亡的人数多达10.5万人,其中因车辆本身故障原因造成的事故占7%~10%。为加强对缺陷汽车产品召回事项的管理,消除缺陷汽车产品对使用者及公众人身、财产安全造成的危险,维护公共安全、公众利益和社会经济秩序,根据《中华人民共和国产品质量法》等法律制定《缺陷汽车产品召回管理规定》。

2)我国召回制度的范围

凡在中华人民共和国境内从事汽车产品生产、进口、销售、租赁、修理活动的,适用本规定。《缺陷汽车产品召回管理规定》中对概念的定义见表2-5。

汽车产品召回相关概念   表2-5

汽车产品	按照国家标准规定,用于载运人员、货物,由动力驱动或者被牵引的道路车辆
缺陷	由于设计、制造等方面的原因而在某一批次、型号或类别的汽车产品中普遍存在的具有同一性的危及人身、财产安全的不合理危险,或者不符合有关汽车安全的国家标准的情形
制造商	在中国境内注册,制造、组装汽车产品并以其名义颁发产品合格证的企业,以及将制造、组装的汽车产品已经销售到中国境内的外国企业
进口商	从境外进口汽车产品到中国境内的企业。进口商视同为汽车产品制造商
销售商	销售汽车产品,并收取货款、开具发票的企业
租赁商	提供汽车产品为他人使用,收取租金的自然人、法人或其他组织
修理商	为汽车产品提供维护、修理服务的企业和个人
经营者	制造商、进口商、销售商、租赁商、修理商的统称
车主	不以转售为目的,依法享有汽车产品所有权或者使用权的自然人、法人或其他组织
召回	按照本规定要求的程序,由缺陷汽车产品制造商(包括进口商,下同)选择修理、更换、收回等方式消除其产品可能引起人身伤害、财产损失的缺陷的过程

3)我国召回制度的分类

缺陷汽车产品召回按照制造商主动召回和主管部门指令召回两种程序的规定进行。

(1)主动召回。制造商自行发现,或者通过企业内部的信息系统,或者通过销售商、修理商和车主等相关各方关于其汽车产品缺陷的报告和投诉,或者通过主管部门的有关通知等方式获知缺陷存在,可以将召回计划在主管部门备案后,按照本规定中主动召回程序的规定,实施缺陷汽车产品召回。

(2)指令召回。制造商获知缺陷存在而未采取主动召回行动的,或者制造商故意隐瞒产品缺陷的,或者以不当方式处理产品缺陷的,主管部门应当要求制造商按照指令召回程序的规定进行缺陷汽车产品召回。

4)我国召回制度的管理

国家质量监督检验检疫总局(以下简称主管部门)负责全国缺陷汽车召回的组织和管理工作。

国家发展和改革委员会、商务部、海关总署等国务院有关部门在各自职责范围内,配合主管部门开展缺陷汽车召回的有关管理工作。

各省、自治区、直辖市质量技术监督部门和各直属检验检疫机构(以下称地方管理机构)负责组织本行政区域内缺陷汽车召回的监督工作。

主管部门会同国务院有关部门组织建立缺陷汽车产品信息系统,负责收集、分析与处理有关缺陷的信息。经营者应当向主管部门及其设立的信息系统报告与汽车产品缺陷有关的信息。

主管部门应当聘请专家组成专家委员会,并由专家委员会实施对汽车产品缺陷的调查和认定。根据专家委员会的建议,主管部门可以委托国家认可的汽车产品质量检验机构,实施有关汽车产品缺陷的技术检测。专家委员会对主管部门负责。

主管部门应当对制造商进行的召回过程加以监督,并根据工作需要部署地方管理机构进行有关召回的监督工作。

制造商或者主管部门对已经确认的汽车产品存在缺陷的信息及实施召回的有关信息,应当在主管部门指定的媒体上向社会公布。

缺陷汽车产品信息系统和指定的媒体发布缺陷汽车产品召回信息,应当客观、公正、完整。

从事缺陷汽车召回管理的主管部门及地方机构和专家委员会、检验机构及其工作人员,在调查、认定、检验等过程中应当遵守公正、客观、公平、合法的原则,保守相关企业的技术秘密及相关缺陷调查、检验的秘密;未经主管部门同意,不得擅自泄露相关信息。

6. 制造商的义务和消费者的权益

制造商应按照国家标准《道路车辆识别代号》(GB/T 16735—16738)中的规定,在每辆出厂车辆上标注永久性车辆识别代码 VIN;应当建立、保存车主信息(如车主姓名、通讯地址、所购汽车的 VIN 等)的有关记录档案。

制造商应当建立收集产品质量问题、分析产品缺陷的管理制度,保存有关记录,并向主管部门报告有关汽车产品缺陷的信息。

制造商应当建立汽车产品技术服务信息通报制度,明示有关车辆故障排除方法,车辆维护、维修方法,服务于车主、销售商、租赁商、修理商,通报内容应当向主管部门指定机构备案。制造商应当配合主管部门对其产品可能存在的缺陷进行调查,提供调查所需的有关资料,协助进行必要的技术检测。制造商应当向主管部门报告其汽车产品存在的缺陷,不得以不当方式处理其汽车产品的缺陷。

车主有权向主管部门、有关制造商、销售商、租赁商或者进口商投诉或反映汽车产品存在的缺陷,并可向主管部门提出开展缺陷产品召回的相关调查的建议。包括汽车使用人在内的任何单位和个人,均有权向主管部门和地方管理机构报告汽车产品可能存在的缺陷。

7. 我国召回制度的实施

1) 判断汽车产品的缺陷的原则

(1) 经检验机构检验安全性能存在不符合有关汽车安全的技术法规和国家标准的;

(2) 因设计、制造上的缺陷已给车主或他人造成人身、财产损害的;

(3) 虽未造成车主或他人人身、财产损害,但经检测、实验和论证,在特定条件下缺陷仍可能引发人身或财产损害的。

2) 缺陷汽车产品召回的期限

整车为自交付第一个车主起,至汽车制造商明示的安全使用期止;汽车制造商未明示安全使用期的,或明示的安全使用期不满 10 年的,自销售商将汽车产品交付第一个车主之日起 10 年止。

汽车产品安全性零部件中的易损件,明示的使用期限为其召回时限;汽车轮胎的召回期限为自交付第一个车主之日起 3 年止。

3) 拒不召回的法律责任

(1) 隐瞒缺陷责任。生产者故意隐瞒、虚报或者以不当方式处理汽车产品存在的缺陷的,构成产品质量法律法规规定的违法行为的,依照有关法律法规追究相关责任;未构成产品质量法律法规规定的违法行为的,责令停止生产、销售、进口,处以违法生产、销售、进口产品货值金额 2%～50% 的罚款;有违法所得的,并处没收违法所得;情节严重的,责令停业整顿。

(2) 生产者配合调查责任。生产者不配合缺陷调查的,构成产品质量法律法规规定的违法行为的,依照有关法律法规追究相关责任;未构成产品质量法律法规规定的违法行为的,予以警告,责令限期改正;逾期未改正的,处以 50 万元以上 100 万元以下罚款;有违法所得的,并处没收违法所得。

(3) 启动召回责任。生产者确认汽车产品存在缺陷或者在收到主管部门的召回通知后,未停止生产、销售、进口存在缺陷的汽车产品,未通知相关经营者和用户的,或者未按照召回实施报告立即组织召回的,构成产品质量法律法规规定的违法行为的,依照有关法律法规追究相关责任;未构成产品质量法律法规规定的违法行为的,责令停止生产、销售、进口,处以违法生产、销售、进口产品货值金额 2%～20% 的罚款;有违法所得的,并没收违法所得。

(4) 提交召回报告责任。生产者未向主管部门提交召回实施报告的,或者未按本条例要求提供召回进展报告或者召回总结报告的,构成产品质量法律法规规定的违法行为的,依照有关法律法规追究相关责任;未构成产品质量法律法规规定的违法行为的,予以警告,责令限期改正;逾期未改正的,处以 50 万元以上 100 万元以下罚款;有违法所得的,并处没收违法所得。

(5) 责令召回。主管部门责令生产者实施召回,生产者仍未召回的,构成产品质量法律法规规定的违法行为的,依照有关法律法规追究相关责任;未构成产品质量法律法规规定的违法行为的,责令停止生产、销售、进口,处以违法生产、销售、进口产品货值金额 5% 以上 50% 以下的罚款;有违法所得的,并处没收违法所得;情节严重的,责令停业整顿。

(6) 信息备案责任。生产者未按照本条例规定向主管部门备案规定信息的,构成产品质量法律法规规定的违法行为的,依照有关法律法规追究相关责任;未构成产品质量法律法规规定的违法行为的,予以警告,并责令限期改正;逾期未改正的,处以 5 万元以上 50 万元以下罚款。

(7) 经营者报告和配合调查责任。销售者、租赁者、修理者等相关经营者未按照本条例规定停止销售、使用、租赁存在缺陷的汽车产品或者拒不配合缺陷调查的,构成产品质量法律法规规定的违法行为的,依照有关法律法规追究相关责任;未构成产品质量法律法规规定的违法行为的,予以警告,并责令限期改正;逾期未改正的,处以5万元以上50万元以下罚款;有违法所得的,没收违法所得;情节严重的,吊销许可证照。

(8)渎职责任。主管部门、国务院有关部门以及地方管理机构工作人员滥用职权、玩忽职守、徇私舞弊,构成犯罪的,依法追究刑事责任;不构成犯罪的,给予行政处分。

(9)刑事责任

违反本条例,构成犯罪的,依法追究刑事责任。

讨论:

汽车召回和汽车三包的关系。

提示:

可从性质、法律依据、对象、范围及解决方式等方面来思考。

案例分析

马自达汽车召回部分马自达3轿车

日前,马自达汽车株式会社与长安福特马自达汽车有限公司按照《缺陷汽车产品召回管理规定》的要求,向国家质检总局递交了召回报告,决定从2010年4月16日起,召回部分进口和国产马自达3 1.6L AT型轿车,数量共计54641辆。其中,2008年2月12日至2009年3月31日期间生产的进口马自达3轿车10346辆,2006年11月29日至2009年10月30日期间生产的国产马自达3轿车44295辆。

本次召回范围内的车辆,由于变速器冷却油管与散热器框架上的辅助凸台产生干涉,车辆在行驶中的振动使油管和辅助凸台产生摩擦,可能导致油管磨损漏油。如果继续行驶,故障警示灯会点亮。极端情况下,将导致车辆不能正常行驶。一汽马自达汽车销售有限公司与长安福特马自达汽车有限公司将对召回范围的车辆进行维修,去除散热器框架上的辅助凸台,同时检查油管,根据油管损伤程度加装保护套或更换油管,以消除油管漏油隐患。

一汽马自达汽车销售有限公司与长安福特马自达汽车有限公司将通过授权经销商通知召回范围内的车主,并进行免费检修。

请问:

什么是汽车召回?什么情况下企业必须实行召回措施?

六、汽车三包

国家质检总局于2004年12月30日制定了《家用汽车产品修理、更换、退货责任规定(草案)》,公开向社会征求意见。然后,"汽车三包"的正式方案到目前为止始终没有出台。

近年来多起因汽车质量问题引起的群体消费投诉,主要涉及油漆脱落、动力不足、油箱漏油、刹车不灵、车面生锈、方向盘故障等问题。有数据显示,2010年前三季度,全国消协接到汽车投诉案件1.3001万件,其中质量问题和安全问题占69.8%,包括发动机漏油、变速箱故障、气囊失灵、刹车失灵等。

1. 汽车三包投诉处理的难度

由于消费者与生产厂家以及经销企业之间的义务和权利的不明确,导致目前汽车类投诉很难得到有效解决,其中,索赔过高、举证不力、缺乏权威认定以及维权成本过高是消费者投诉难的主要原因。

1) 举证不力

依据我国相关法律中"谁投诉、谁举证"的原则,在维权路上,消费者的地位是处于劣势的。部分消费者在平时保养、维修时不注意收集相关维修单据,加上车主缺乏对汽车的专业知识,待到维权需要举证时才发现根本无从入手。虽然说现在有举证倒置一说,但从目前情况来看,全国还鲜有采用这一举证手法的案例。

2) 鉴定无门

车主不认可厂家的检测结果时,就需要自行进行质量鉴定,而目前国内仅有的几家鉴定机构并不接受单方面委托,如果车主要求进行鉴定还需要得到厂家的书面同意,这对于车主来说难度不小。

3) 维权成本高

高达上万的检测费用对于车主来说也是一个不小的考验,而如果要进行主要部件的检测,其检测费用更是高达十几万,在这天价检测费用面前,更多的车主选择了放弃;另外漫长的投诉过程也让车主身心疲惫。

4) 解决效率低

对于有争议的投诉,往往要经过几个回合的往返才能确认。先由车主向4S店报障检测,然后由4S店向厂家进行反馈、备案,如此几个来回下来,少则一两个月,多则一年半载,车主的维权决心也就这样慢慢被消耗完,就算有最后坚持下来的,也会被迫在有限的维权成果面前妥协下来。

图 2-2　退车难

5) 退车换车难

解决这个问题的前提是:①认定责任方;②断定是否已经达到退车、换车的条件。而责任认定对车主来说已经非常棘手,还得判断是否达到退换车的条件,难度可想而知。如图 2-2 所示。

2. 汽车投诉的法律途径

想一想:

作为消费者,如何解决汽车产品问题?

按照《消费者权益保护法》的规定,消费者可通过图 2-3 所示途径来解决投诉。

质量担保制度是售后服务部门的有力工具,我们可以用它来满足用户的合理要求,每个特许经销商都有义务贯彻这个制度,要始终积极地进行质量担保而不要把它视为负担,因为执行质量担保也是经销商吸引用户的重要手段。

消费者对汽车售后服务和汽车"三包"的投诉主要涉及厂家利用技术和信息方面的优势,夸大产品性能,

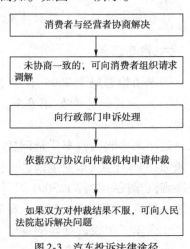

图 2-3　汽车投诉法律途径

过度承诺售后服务,介绍最低价格,展示最高配置误导消费者;销售合同文本不规范,存在不平等条款;把旧车、故障车当新车卖;汽车搭售、捆绑销售问题严重,对于畅销车型,消费者被迫强制接受厂家搭配的配置等,这些现象在销售过程中都极大地损害了消费者的利益。

从国家质检总局缺陷产品管理中心获悉,自2004年信息系统开通至2010年9月30日,投诉总数已经达到19253例,其中2010年前三季度投诉5607例,同比增长71%。

(1)销售商的义务,见表2-6。

汽车销售商的义务　　　　　　　　　　　表2-6

销售商品时应如实告知:
(1)汽车产品结构、配置、性能、产地;
(2)汽车产品已行驶的里程;
(3)汽车产品三包承诺的具体内容
交付产品时应具备:
(1)当面检验汽车产品(包括外观、内饰及可检验功能)并试车;
(2)提供发票、三包凭证、产品合格证、中文产品使用说明书及其他随车文件;
(3)明示汽车产品三包有效期和三包方式;
(4)提供修理商名单、地址和联系电话,不得限制消费者在上述修理商名单中选择修理商;
(5)按随车文件向消费者交清随车工具、附件、备件;
(6)在三包凭证上填写销售商有关信息;
(7)提醒消费者认真阅读安全注意事项,并按产品使用说明书的要求使用、维护;
(8)对于进口汽车产品,还应当提供海关出具的《货物进口证明书》和检验检疫机构出具的《进口机动车辆随车检验单》

(2)保修索赔操作流程如图2-4所示。

案例分析

汽车"三包"成虚设

1.家住江东的汪女士于2009年7月购买了一辆小货车,但新车接二连三地出现问题。上好牌照的第二天,她就发现该车空调皮带有异响、离合器打滑等问题,便到该车特约维修站进行维修。次日,该车又出现起步时抖动厉害、动力差等故障。汪女士要求退车,但经销商只同意修理。

2.消费者费某2009年下半年购买了一辆小客车,在该车行驶至1500km时,曾到该品牌指定地点接受保养服务。当时,费某被告知,今后必须每行驶5000km去保养一次。然而,事有不巧,在那之后,费某出了趟远差,等他回来再次到该品牌指定服务地点要求保养时,车子已行驶了1.8万km。有关人员当即以超出保养里程为由,拒绝给予继续保养并以该车已有在其他地方修理过的痕迹为由,将费某在保修期内的保修权利也剥夺殆尽。无奈之下,费某只得向江北消协投诉,但最终调解未果。

请问:

汽车"三包"成虚设的原因有哪些?费某该怎样维护自己的利益?

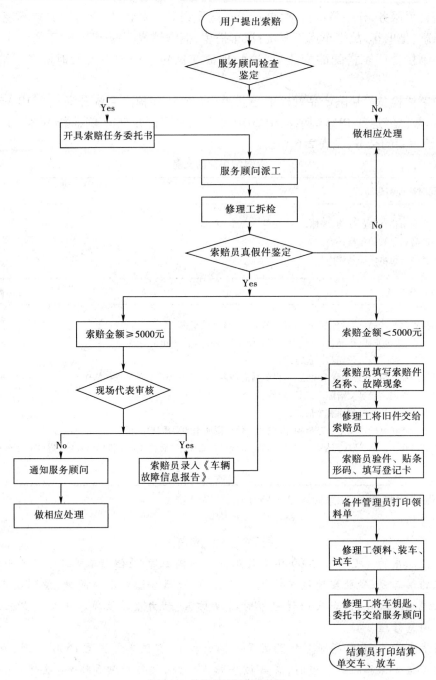

图 2-4 保修索赔操作流程图

课题二 商标法

一、商标法概述

在我国,商标受《中华人民共和国商标法》和《商标法实施细则》的调整。汽车标志

(商标)一经注册即成为注册商标。注册商标作为一种知识产权,其产生、使用、转让和消灭都要受法律调整。

我国目前施行 1982 年 8 月 23 日五届人大常委会二十四次会议通过并经 2001 年 10 月 27 日全国人大常委会作了二次修改的《中华人民共和国商标法》,以及 1983 年 3 月 10 日由国务院颁布并作了三次修改的《商标法实施细则》。

商标法是指规定商标的组成、注册、使用、管理和商标专用权的保护的法律规范的总称。是为了加强商标管理,保护商标专用权,促使生产、经营者保证商品和服务质量,维护商标信誉,以保障消费者和生产、经营者的利益,促进社会主义市场经济的发展而制定的。

1. 我国对商标的定义

商标(Trademark),是指生产者、经营者为使自己的商品或服务与他人的商品或服务相区别,而使用在商品及其包装上或服务标记上的由文字、图形、字母、数字、三维标志和颜色组合,以及上述要素的组合所构成的一种可视性标志。

2. 其他国家及组织对商标的定义

(1)世界知识产权组织(World Intellectual Property Organization,简称 WIPO)对商标的定义为:商标是用来区别某一工业或商业企业或这种企业集团的商品的标志。

(2)国际保护工业产权协会(International Association for the Protection of Industrial Property,简称 IAPIP)在柏林大会上曾对商标做出定义:商标是用以区别个人或集体所提供的商品及服务的标记。

(3)法国政府在其《商标法》中则表述为:"一切用以识别任何企业的产品、物品或服务的有形标记均可视为商标。"

3. 商标的种类

商标的分类见表 2-7。

商标的分类　　　　表 2-7

根据构图形式分类	分为文字商标、图形商标、图形与文字组合商标
根据寓意分类	分为有含义商标和无含义商标
根据拥有者、使用者的不同分类	分为制造商标、销售商标、集体商标
根据管理分类	分为注册商标和未注册商标
根据使用动机分类	分为联合商标、防御商标、证明商标
根据使用方式分类	分为主商标、分商标、商品群商标、具体商品商标
根据用途和作用分类	分为商品商标和服务商标
根据载体分类	分为平面商标、立体商标、音响商标、气味商标等

4. 商标的特征

商标一般具有 4 大特征,见表 2-8。

商标的特征   表2-8

显著性	指区别于他人商品或服务的标志,便于消费者识别
独占性	指注册商标所有人对其商标具有专用权、独占权;未经许可,他人擅自使用即构成侵犯商标权
价值性	商标代表着商标所有人生产或经营的质量信誉和企业、形象;商标所有人通过商标的创意、设计、申请注册、广告宣传及使用,使商标具有了价值,也增加了商品的附加值。商标可以有偿转让
竞争性	指参与市场竞争的工具。商标知名度越高,其商品或服务的竞争力就越强

5. 商标的功能

商标作为产品或服务的一种标志,有多种不可忽视的功能,具体功能见表2-9。

商标的功能   表2-9

识别商品来源	这是商标的基本功能、首要功能。商标就是由于要识别商品的来源才得以产生,所以有此功能者方可成为商标,无此功能者不能称作商标
促进销售	消费者通过商标来区别同类商品,了解商品,做出选择。因此,商标成为开拓市场、在市场上展开竞争的重要工具,这是商标的又一重要功能
保证商品品质	生产者通过商标表示商品为自己所提供,服务提供者通过商标表示某项服务为自己所提供,消费者也通过商标来辨别商品或服务,对其质量做出鉴别,这种鉴别关系到生产经营者的兴衰,因此,商标的使用促使生产经营注重质量,保持质量的稳定
广告宣传	现代的商业宣传往往以商标为中心,通过商标发布商品信息,推介商品,借助商标吸引消费者的眼球,使商品形象植入人心
树立商业声誉	商标用于显示商品来源,保证商品的质量,进行商品的广告宣传,作为其开拓市场的有效手段,这都表明,商标凝结了被其标示的商品以及该商品的生产经营者的信誉,商标是商品信誉与之有关的企业信誉的最佳标记,因此树立商誉的有效途径是形成声誉卓著的商标

6. 汽车标志

1) 汽车标志的定义

汽车标志(Vehicle Sign)是指汽车区别其他厂家的商标以及用以表明汽车的生产厂家、车型、发动机功率、载质量、发动机及整车的出厂编号等。它们的作用是便于销售者、使用者、维修人员、交通管理部门识别车辆的"身份"。按我国国家规定,新车登记和年度检验时,都要检查这些标志。

2) 一些国家的著名汽车标志(见表2-10)

3) 汽车标志的作用

(1) 汽车标志是商标的表现形式。汽车标志以丰富多彩的文字和图案组成,因其历史文化背景以及创意不同而表现得多姿多彩,它和其他企业的产品标志一样,都是商品商标的表现形式。在视觉感受和品牌辩识时代,产品标志(企业标志的表现形式)成为引导企业走向成功的一个重要因素。一个小小的标志承载着丰富的质量、信誉和文化内涵,传播、塑造了一个个的世界级品牌和企业,并带动了这些企业市场份额的扩张。汽车消费市场中的消费者正是以他们心中对某些汽车标志(商标)的倾向性作为挑选汽车的依据。

项目二 汽车营销产品法规基础

一些国家著名的汽车标志　　　　　表 2-10

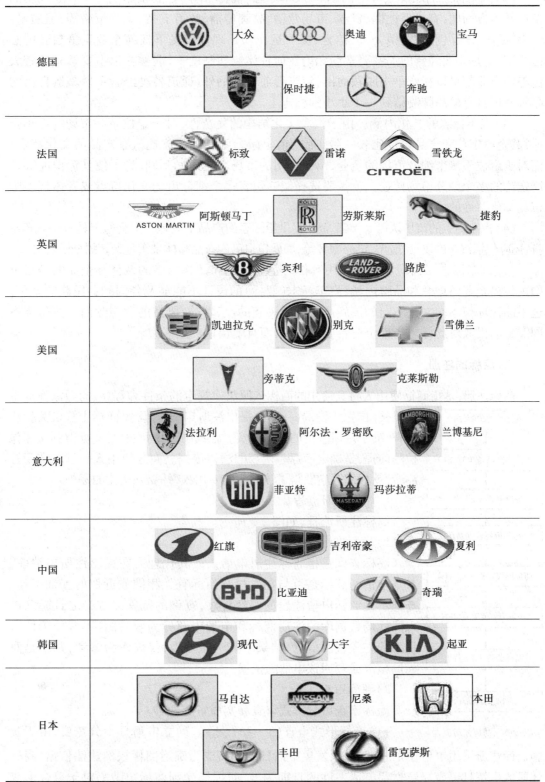

（2）汽车标志的品牌效应的内涵。汽车标志（商标）的内在要素影响一个企业成功的条件是多方面的,有机遇把握、资本、市场营销、品牌传播、政策支持、竞争策略等,但质量、效率、成本、产品创新、营销公关、信誉、资本运作却是现代市场下任何企业竞争制胜的必由之道,也是企业经营的关键要素。无论在何种体制和制度下,能够在以上要素有比较大优势的企业都可以在竞争中脱颖而出,汽车行业也不例外,通道各种经营手段塑造自己的品牌并把自身的品牌凝结到一个小小的标志上。

（3）汽车标志的文化内涵。由于汽车文化结构的复杂性,对于定位单一市场的汽车企业,其企业定位和产品定位比较一致,所以企业标志可以直接体现汽车产品的文化特点。而对于定位于多个细分市场的企业,由于不同的市场文化内涵不同.为了使其标识能够被所定位的多个细分市场接受。就需要选择能够包容多个细分市场文化特点或者体现多个市场文化共性的标志。

（4）汽车标志的市场认可。汽车企业提供给顾客的产品不只是一个交通工具——汽车本身,还应包括汽车的质量、造型、维修服务等,即要以自己的产品整体来满足顾客的全面要求。

（5）汽车标志（品牌）的根本作用。作为企业文化和品牌内涵的载体在企业的经营范围内传播企业的理念和品牌内涵,汽车标志（商标）的设计不能触及各国和各民族的禁忌,也不能让任何不同文化倾向的民族产生有关民族的、宗教的、风俗的联想倾向。而是要不同文化的民族对此标志产生企业希望的联想,而且要快速产生联想。

二、商标的注册

商标注册,是指商标使用人将其使用的商标依照法律规定的条件和程序,向国家商标主管机关（国家工商局商标局）提出注册申请,经国家商标主管机关依法审查,准予注册登记的法律事实。在我国,商标注册是商标得到法律保护的前提,是确定商标专用权的法律依据。商标使用人一旦获准商标注册,就标志着它获得了该商标的专用权,并受到法律的保护。

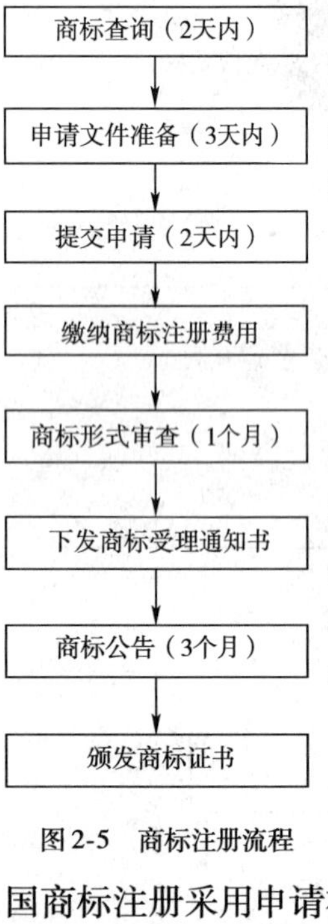

1.商标注册流程

商标注册流程,如图2-5所示。

1)商标查询

商标查询是指商标注册申请人或其代理人在提出注册申请前,对其申请的商标是否与在先权利商标有无相同或近似的查询工作。查询不是商标申请注册的必经程序,查询的范围以查询之日起已进入商标局数据库的注册商标和申请中商标为限,并且不含处于评审状态的在先权利信息,结果不具法律效力,仅仅作为参考,并不是商标局核准或驳回该申请的依据。

2)商标审查

商标审查可分形式审查和实质审查两种。

图2-5 商标注册流程

（1）商标形式审查（3~4个月）。确立申请日十分重要,由于我国商标注册采用申请在先原则,一旦发生申请日的先后成为确定商标权的法律依据,商标注册的申请日以商标局收到申请书件的日期为准,商标局受到商标申请书对于符合形式要件的申请书发放受理通知书。

(2)商标实质审查(12个月)。商标实质审查是商标注册主管机关对商标注册申请是否合乎商标法的规定所进行的检查。资料检索、分析对比、调查研究并决定给予初步审定或驳回申请等一系列活动。在此期间,在该商标未获准注册以前,请不要在使用中标注注册标记(如"注册商标"),可以标记"TM"。另外,在未核准注册以前,带有该商标的商品及包装物,或商标标志不宜一次制作过多,以防因注册受阻而造成不必要的损失。

3)初审公告

商标的审定是指商标注册申请经审查后,对符合《商标法》有关规定的,允许其注册并在《商标公告》中予以公告。初步审定的商标自刊登初步审定公告之日起3个月没有人提出异议的,该商标予以注册,同时刊登注册公告。3个月内没有人提出异议或提出异议经裁定不成立的,该商标即注册生效,发放注册证。

2. 不得作为商标使用的标志

(1)同中华人民共和国的国家名称、国旗、国徽、军旗、勋章相同或者近似的,以及同中央国家机关所在地特定地点的名称或者标志性建筑物的名称、图形相同的。

(2)同外国的国家名称、国旗、国徽、军旗相同或者近似的,但该国政府同意的除外。

(3)政府间国际组织的名称、旗帜、徽记相同或者近似的,但经该组织同意或者不易误导公众的除外。

(4)与表明实施控制、予以保证的官方标志、检验印记相同或者近似的,但经授权的除外。

(5)同"红十字"、"红新月"的名称、标志相同或者近似的。

(6)带有民族歧视性的。

(7)夸大宣传并带有欺骗性的。

(8)有害于社会主义道德风尚或者有其他不良影响的。

(9)县级以上行政区划的地名或者公众知晓的外国地名,不得作为商标。但是,地名具有其他含义或者作为集体商标、证明商标组成部分的除外;已经注册的使用地名的商标继续有效。

三、商标的使用

1. 商标权

指商标所有人在一定期限内依法享有商标使用的专有权。

1)商标权的特点(表2-11)

商标权的特点 表2-11

无形财产权	这种权利只有在商标注册后才有效
商标使用权	只有商标所有人才有专用注册商标的权利
商标处分权	商标权所有人可以转让或出售其注册商标
商标禁止权	商标所有人有权禁止他人未经许可在相同或类似的商品或服务上使用与自己的注册商标相同或类似的商标。受到法律保护的商标,任何其他人不得仿冒,商标所有人可以向任何人要求停止侵权行为并赔偿损失

2) 商标权的保护

指当自己商标专用权受到侵害时,向国家有关部门请求保护并获得赔偿的权利。主要为了防止他人使用的商标与自己的注册商标相混淆,禁止他人擅自在核定的商品上使用与注册商标相同或相类似的商标。对注册商标的保护,仅限于核定注册的商标和核定使用的商品。但根据《商标注册马德里条约》,对驰名商标的保护并不要求注册,也不要求必须局限于在同种或类似的商品上使用。

我国是《商标注册马德里条约》的成员国,有义务遵守此协定,保护驰名商标。

3) 商标权的时效

根据《商标法》第三十七条及第三十八条规定,注册商标的有效期为10年,自核准注册之日起计算。注册商标有效期满,需要继续使用的,应当在期满前6个月内申请续展注册;在此期间未能提出申请的,可以给予6个月的宽展期。宽展期满仍未提出申请的,注销其注册商标。每次续展注册的有效期为10年。续展注册经核准后,予以公告。

4) 商标权的转让

商标权是一种无形资产,具有经济价值,可以用于抵债,即依法转让。

根据我国《商标法》第三十九条的规定,商标可以转让,转让人和受让人应当签订转让协议,并共同向商标局提出申请。受让人应当保证使用该注册商标的商品质量。转让注册商标经核准后,予以公告。受让人自公告之日起享有商标专用权。

(1) 商标的转让注意事项

①转让人如果在同种或者类似的商品上注册了几个相同或近似的商标,转让时应一并转让,不能单独转让其中某一个。

②转让人应将注册商标的专用权全部转让,不允许将注册商标指定保护的商品进行部分转让。

③转让人如果正在许可他人使用其注册商标期限内,须征得被许可人的同意方可转让给第三者。

(2) 办理商标转让需要的手续

在转让商标权时,应当按照《企业商标管理若干规定》的要求,委托商标评估机构对商标评估,依照该评估价值处理债务抵偿事宜,而且,要及时向商标局申请办理商标转让手续。办理注册商标转让需提交以下手续:

①转让人和受让人应当向商标局交送《转让注册商标申请书》一份,申请手续由受让人办理。

②缴纳转让费。

③有关证明文件。

④经商标代理组织代理的,须附送委托书。

2. 驰名商标权

"驰名商标"(Famous Trademark)又称为周知商标,最早出现在1883年签订的《保护工业产权巴黎公约》(以下简称《巴黎公约》)。我国于1984年加入该公约,成为其第95个成员国。和其他加入《巴黎公约》的成员国一样,依据该公约的规定对驰名商标给予特殊的法律保护,已经成为我国商标法制工作中的一个重要组成部分。

1) 驰名商标的定义

据《中华人民共和国商标法》规定：驰名商标是在中国为相关公众广为知晓并享有较高声誉的商标。如图 2-6 所示。

其中"相关公众"是指与商标所标志的某类商品或者服务有关的消费者和与前述商品或者服务的营销有密切关系的其他经营者及经销渠道中所涉及的销售者和相关人员等。

图 2-6　驰名商标标志

2) 驰名商标的特点

(1) 商标设计具有独创性。

(2) 商标使用时间较长。

(3) 商标所指定的商品或服务项目的质量优良且稳定。

(4) 使用该商标的商品,市场覆盖面大,且销售量大。

(5) 该商标的广告投入与商品的销售量或服务收入成正比增加。

(6) 在有关国家注册了该商标并销售使用该商标指定的商品或开展经营服务。

(7) 在同行业中有很高的知名度和信誉。

(8) 为相当范围内的消费者所熟知。

3) 申请商标驰名的材料

(1) 证明相关公众对该商标知晓程度的有关材料。

(2) 证明该商标使用持续时间的有关材料,包括该商标使用、注册的历史和范围的有关材料。

(3) 证明该商标的任何宣传工作的持续时间、程度和地理范围的有关材料,包括广告宣传和促销活动的方式、地域范围、宣传媒体的种类以及广告投放量等有关材料。

(4) 证明该商标作为驰名商标受保护记录的有关材料,包括该商标曾在中国或者其他国家和地区作为驰名商标受保护的有关材料。

(5) 证明该商标驰名的其他证据材料,包括使用该商标的主要商品近 3 年的产量、销售量、销售收入、利税、销售区域等有关材料。

4) 世界各国对驰名商标的保护

(1) 对未注册的驰名商标按使用原则予以法律保护。保护的方式又包括了先使用权的保护和不予注册两种方式。

(2) 赋予未注册的驰名商标在一定期限内,享有注册的"专属申请权"。

(3) 赋予驰名商标权人享有特别限期的排他权。

(4) 赋予注册的驰名商标权人在与他人先注册的商标发生冲突时,享有继续使用权。

(5) 放宽对未注册的驰名商标设计上的显著性条件的要求。

(6) 扩大注册驰名商标的保护范围。赋予注册驰名商标的保护范围远远超出一般注册商标的保护范围;将注册的驰名商标的保护范围扩大到企业名称上;以注册防护商标的方法扩大驰名商标的保护范围。

四、商标的法律保护

1. 侵犯商标专用权的行为

根据《中华人民共和国商标法》第五十二条的规定,有下列行为之一的,均属侵犯注册商标专用权:

(1)未经商标注册人的许可,在同一种商品或者类似商品上使用与其注册商标相同或者近似的商标的。

(2)销售侵犯注册商标专用权的商品的。

(3)伪造、擅自制造他人注册商标标志或者销售伪造、擅自制造的注册商标标志的。

(4)未经商标注册人同意,更换其注册商标并将该更换商标的商品又投入市场的。

(5)给他人的注册商标专用权造成其他损害的。

2.商标专用权维护程序

根据《中华人民共和国商标法》第五十三条的规定,有本法第五十二条所列侵犯注册商标专用权行为之一,引起纠纷的,由当事人协商解决;不愿协商或者协商不成的,商标注册人或者利害关系人可以向人民法院起诉,也可以请求工商行政管理部门处理。

工商行政管理部门处理时,认定侵权行为成立的,责令立即停止侵权行为,没收、销毁侵权商品和专门用于制造侵权商品、伪造注册商标标志的工具,并可处以罚款。侵权注册商标专用权,未构成犯罪的,工商行政管理部门可以处以罚款;构成犯罪的,除赔偿被侵权人的损失外,依法追究刑事责任。

当事人对处理决定不服的,可以自收到处理通知之日起15日内依照《中华人民共和国行政诉讼法》向人民法院起诉;侵权人期满不起诉又不履行的,工商行政管理部门可以申请人民法院强制执行。

进行处理的工商行政管理部门根据当事人的请求,可以就侵犯商标专用权的赔偿数额进行调解;调解不成的,当事人可以依照《中华人民共和国民事诉讼法》向人民法院起诉。

3.汽车标志侵权行为的表现形式

1)私换汽车标志

指一些车主利用某些车辆外形的相似和汽车商标市场管理不严,自己拆掉原车车辆商标,即车标,换上名车的车标。

产生这一现象的主观原因是车主的爱慕虚荣心理,追求时尚,爱慕高档车,但法律意识淡薄。私换车标一般情况下不会构成民事侵权,可是一旦给注册商标专用权人造成经济损失,就构成侵权。《中华人民共和国商标法实施条例》第50条第一款规定,"在同一种或者类似商品上,将与他人注册商标相同或者近似的标志作为商品名称或者商品装潢使用,误导公众",属于侵犯注册商标专用权的行为。

《机动车运行安全技术条件》中说明:"车辆在车身前部外表面的易见部位上应至少装置一个能永久保持的商标或厂标,在车身外表面的易见部位上应装置能识别车型的标志。产品标牌应固定在一个明显的、不受更换部件影响的位置,其具体位置应在产品使用说明书中指明。"显然,私自换标也有悖于此项规定。

汽车经销商、汽配商店、汽车美容店等未经商标持有人许可,擅自为车主更换车标的行为,违反《中华人民共和国商标法》的相关规定,构成商标侵权行为。一经发现,将被依法没收其非法所得并被处以罚款。此外,有下列3种情节严重的行为还可能构成犯罪,即未经许可使用他人商标、明知是假冒商标商品还进行销售、非法制造或买卖他人商标。执法部门一旦掌握了经营者商标侵权事实,将依法予以查处。

2)制造和销售假车标

由于名牌车标价格太高,市面上就出现了仿制的假名牌车标。

3)仿冒汽车配件商标

主要形式有:

(1)假冒他人商标。

(2)销售侵犯他人商标专用权的汽车配件。

(3)擅自在汽车维修点和汽配销售处使用他人商标及标志,目的在于招揽生意。

(4)一些销售商擅自使用知名汽车商标作为企业字号,混淆、误导市场消费。

案例分析

1. 2005年2月,上海市公安局虹口分局经侦支队侦办赵维伦等制售假冒"丰田"等汽车零配件案,缴获假冒"丰田"、"尼桑"等品牌的汽车零配件价值约1000万元,案值2000万元,抓获赵维伦等3名台湾籍犯罪嫌疑人。

2. 温州市春城汽车零部件制造厂未经"解放"及"一汽图形"注册商标持有人许可,在同一种商品上使用与其注册商标相同的商标。在2007年1月份至2007年4月10日期间,从浙江东富汽车部件有限公司购进340只标注"解放"及"一汽图形"商标的变速箱大盖,已组装成变速箱上盖总成217只,其中176只已销售给长春客户,变速箱上盖总成的成本价为每只450元,销售价为每只480元,123只大盖价值25830元。以上合计经营额为129990元。

依据《中华人民共和国商标法》第五十三条、《中华人民共和国商标法实施条例》第五十二条之规定:责令当事人立即停止侵权行为,没收侵权的41只变速箱上盖总成和123只变速箱大盖,处以罚款30万元。

问题:

随着商标价值的提高,侵犯商标专用权的行为增多,讨论并列举几种侵权行为。

项目三　汽车营销合同法规基础

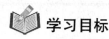学习目标

完成本项目学习后,你应能:
1. 掌握合同的概念、合同订立的要素、合同的内容及合同常见的形式;
2. 理解合同履行的原则及合同履行中的抗辩权;
3. 熟悉合同担保的种类及特征;
4. 了解合同变更、转让、终止的处理程序;
5. 知道合同的违约责任。

建议课时:4课时。

目前我国的社会主义市场经济发育体制并不完善,市场交易行为一方面有市场形成,另一方面需要国家的宏观调控来约束。市场主体信用制度是市场秩序的一部分,关系到国家、社会公共利益及合同当事人。为了维护市场运营的正常秩序,《中华人民共和国合同法》应运而生。

课题一　合同订立法规实务

一、合同的订立

合同的订立又称缔约,是当事人为设立、变更、终止财产权利义务关系而进行协商、达成协议的过程。《中华人民共和国合同法》(以下简称《合同法》)第2条中规定:"合同是平等主体的自然人、法人、其他组织之间设立、变更、终止民事权利义务关系的协议。"如图3-1所示。

合同的订立包括要约和承诺两个阶段,当事人为要约和承诺的意思表示均为合同订立的程序。当事人为达成协议,相互为意思表示进行协商到达成合意的过程也就是合同的订立过程。

1. 要约

要约是当事人单方向对方发出的希望与对方订立合同的意思表示。发出要约的一方称要约人,接收要约的一方称受要约人。

图3-1　合同法封面

1)要约的有效特点

(1) 由具有订约能力的特定人作出的意思表示。要约的提出旨在与他人订立合同,并且唤起相对人的承诺,所以要约人必须是订立合同一方的当事人。我国《合同法》第9条规定:"当事人订立合同,应当具有相应的民事权利能力和民事行为能力。"

(2) 必须具有订立合同的目的。要约人发出要约的目的在于订立合同,而这种订约的意图一定要由要约人通过其发出的要约充分表达出来,才能在受要约人承诺的情况下产生合同。我国《中华人民共和国合同法》第14条规定,要约是希望和他人订立合同的意思表示,要约中必须表明要约经受要约人承诺,要约人即受该意思表示拘束。

(3) 必须向要约人希望与之缔约合同的受约人发出。要约人向谁发出要约也就是希望与谁订立合同,要约原则上是对向特定的相对人来说的,但也有向不特定人发出,此时应具有以下两个条件:必须明确表示其做出的建议是一向要约而不是要约邀请;必须明确承担向多人发送要约的责任,尤其是要约人发出要约后,必须具有向不特定的相对人做出承诺以后履行合同的能力。

(4) 要约内容必须具体确定。根据《合同法》第14条规定,要约内容必须具体。所谓确定,是指要约内容必须明确,而不能含糊不清。要约应当使受要约人理解要约人的真实意思,否则无法承诺。

(5) 要约必须送达到受要约人条件。要约人只有在送达受要约人以后才能为受要约人所知悉,才能对受要约人产生实际拘束力,我国《合同法》第16条规定:"要约到达受要约人时生效。"如果要约在发出以后,因传达要约的信件丢失或没有传达,不能认为要约已经送达。需明确一点,到达是指要约的意思表示客观上传递到受要约人处即可,而不管受要约人主观上是否实际了解到要约的具体内容。例如,要约以电传方式传递,受要约人收到后因临时有事未来得及看其内容,要约也生效。

2) 要约的撤回和撤销

《合同法》第17条规定:要约可以撤回。撤回要约的通知应当在要约到达受要约人之前或者同时到达受要约人。在此情形下,被撤回的要约实际上是尚未生效的要约。倘若撤回的通知于要约到达后到达,而按其通知方式依通常情形应先于要约到达或同时到达,其效力如何? 我国合同法未作规定。

要约的撤销,是指要约发生法律效力后,要约人取消要约从而使要约归于消灭的行为。《合同法》第18条规定:要约可以撤销。撤销要约的通知应当在受要约人发出承诺通知之前到达受要约人。第19条规定:有下列情形之一的,要约不得撤销:①要约人确定了承诺期限或者以其他方式明示要约不可撤销;②受要约人有理由认为要约是不可撤销的,并且已经为履行合同做了准备工作。

要约的撤销不同于要约的撤回。二者的区别仅在于时间的不同(前者发生于生效后,后者发生于生效前),在法律效力上是等同的。要约的撤回是在要约生效之前为之,即撤回要约的通知应当在要约到达受要约人之前或者与要约同时到达受要约人;而撤销要约的通知应当在受要约人发出承诺通知之前到达受要约人。

3) 要约的失效

要约发出后,有下列情形之一的,要约失效,要约人不再受原要约的拘束:①要约的撤回。②拒绝要约的通知到达要约人。受要约人以口头或书面的方式明确通知要约人不接受该要约。③受要约人对要约的内容进行实质性变更。有关合同标的、数量、质量、价款或报酬、履行期限、履行地点和方式、违约责任和解决争议方法等的变更,是对要约内容的实质性变更。④要约中规定有承诺期限的,承诺期限届满,受要约人未作出承诺。对口头要约,在极短的时间内不立即作出接受的意思表示,则表明要约的失效。⑤要约的撤销。

4) 要约与要约邀请的区别

(1) 要约邀请是指一方邀请对方向自己发出要约,而要约是一方向他方发出订立合同的意思表示。

(2) 要约邀请是一种事实行为,而非法律行为。要约是希望他人和自己订立合同的意思表示,是法律行为。

(3) 要约邀请只是引诱他人向自己发出要约,以下4个法律文件为要约邀请:寄送的价目表、拍卖公告、招标公告、招标说明书。

2. 承诺

《合同法》第21条规定,承诺是受要约人同意要约的意思表示。承诺应当以通知的方式作出,但根据交易习惯或者要约表明可以通过行为作出承诺的除外。承诺一经作出,并送达要约人,要约人不得加以拒绝。承诺的有效条件如下:

(1) 承诺必须由受要约人作出。被要约人以外的任何第三者即使知道要约的内容并对此作出同意的意思表示,也不能认为是承诺。被要约人,通常指的是受要约人本人,但也包括其授权的代理人。无论是前者还是后者,其承诺都具有同等效力。

(2) 承诺必须是在有效时间内作出。所谓有效时间,是指要约定有答复期限的,规定的期限内即为有效时间;要约并无答复期限的,通常认为合理的时间(如信件、电报往来及受要约人考虑问题所需要的时间),即为有效时间。

(3) 承诺必须与要约的内容完全一致。即承诺必须是无条件地接受要约的所有条件。因此,凡是第三者对要约人所作的"承诺";凡是超过规定时间的承诺;凡是内容与要约不相一致的承诺,都不是有效的承诺,而是一项新的要约或反要约,必须经原要约人承诺后才能成立合同。

承诺可以书面方式进行,也可以口头方式进行。通常,它须与要约方式相应,即要约以什么方式进行,其承诺也应以什么方式进行。对于口头要约的承诺,除要约有期限外,沉默不能作为承诺的方式,承诺的效力表现为要约人收到受要约人的承诺时,合同即为成立。口头承诺,要约人了解时即发生效力。非口头承诺生效的时间应以承诺的通知到达要约人时为准。一般认为,承诺和要约一样准许在送到对方之前或同时撤回。但迟到的撤回承诺的通知,不发生撤回承诺的效力。

二、合同的内容

合同的当事人将经过协商后达成一致的意见写入合同中,即成为了合同条款。合同条款规定了合同双方当事人的具体权利义务,代表了合同法律关系的具体内容。

《合同法》第12条规定了比较完备的合同条款,主要内容见表3-1。

项目三　汽车营销合同法规基础

合同条款的内容　　　　　　　　　　　　　　　　　　　　　表 3-1

项目	内容
合同当事人的名称或姓名和住所	当事人的名称(姓名)和住所,是每一个合同必须具备的条款。当事人是合同法律关系的主体,合同中如果不写明当事人,就无法确定权利的享受者和义务的承担者,因此,订立合同,不仅要把当事人都写到合同中去,而且要把各方当事人名称或者姓名和住所都记载准确、清楚
合同的标的	标的是指合同当事人双方权利和义务所共同指向的对象。没有标的即没有客体,没有客体的合同关系就会失去目的和意义。因此,标的是合同成立的必备条款
质量和数量	质量是指标的具体特征,如商品的品种、型号、规格、等级和工程项目的标准等。数量是指标的的数量。在大多数合同中,数量是必备条款。对于有形财产,数量是对单位个数、体积、面积、长度、容积、质量等的计量;对于无形财产,数量是个数、件数、字数以及使用范围等多种量度方法;对于劳务,数量为劳动量;对于工作成果,数量是工作量及成果数量。合同的数量要准确,应选择使用双方当事人共同接受的计量单位、计量方法和计量工具
价款或酬金	价款一般是指对提供财产的当事人支付的货币,如买卖合同的货款、租赁合同的租金等。酬金一般是指对提供劳务或者工作成果的当事人支付的货币,如保管合同中的保管费、仓储合同中的仓储费等
合同履行期限	履行的期限,是指合同中规定的一方当事人向对方当事人履行义务的时间界限。它是衡量合同能否按时履行的标准
合同的履行地点和方式	履行地点,是指合同规定的当事人履行合同义务和对方当事人接受履行的地点。履行地点关系到履行合同的费用、风险由谁承担,有时还是确定所有权是否转移、何时转移的依据,也是发生纠纷后确定由哪一地法院管辖的依据。 履行方式,是指合同当事人履行合同义务的具体做法。不同种类的合同,有着不同的履行方式。有的需要以转移一定财产的方式履行,如买卖合同;有的需要以提供某种劳务的方式履行,如运输合同;有的需要以交付一定的工作成果的方式履行,如承揽合同等。履行方式还包括价款或者报酬的支付方式、结算方式等
违约责任	违约责任,是指合同当事人一方或者双方不履行合同义务或者履行合同义务不符合约定时,按照法律或者合同的规定应当承担的法律责任。当事人为了保证合同义务严格按照约定履行,为了及时地解决合同纠纷,可以在合同中明确规定违约责任条款,如约定定金或违约金、约定赔偿金额以及赔偿金的计算方法等
解决争议的方法	解决争议的方法是指合同当事人对合同的履行发生争议时解决的途径和方式。解决争议的方法主要有:①当事人协商和解;②第三人调解;③仲裁;④诉讼。解决争议方法的选择对于纠纷发生后当事人利益的保护是非常重要的,应慎重对待。

三、合同的形式

1. 口头形式

口头形式的合同,简称口头合同,是指当事人只以口头意思表示达成协议的合同。口头合同简便易行,在日常生活中广泛运用。

2. 书面形式

书面形式是指合同书、信件以及数据电文（包括电报、电传、传真、电子数据交换和电子邮件）等可以有形地表现所载内容的形式。当事人协商同意的有关修改合同的文书、电报和图表，也是合同的组成部分。

书面合同较口头合同复杂，在当事人发生纠纷时举证方便，容易分清责任，也便于主管机关和合同管理机关监督、检查。法律、行政法规规定采用书面形式的，应当采用书面形式。当事人约定采用书面形式的，应当采用书面形式。

3. 公证形式

公证形式是当事人约定或者依照法律规定，以国家公证机关对合同内容加以审查公证的方式，订立合同时所采取的一种合同形式。公证机关一般均以合同的书面形式为基础，对合同内容的真实性和合法性进行审查确认后，在合同书上加盖公证印鉴，以资证明。经过公证的合同具有最可靠的证据力，当事人除有相反的证据外，不能推翻。我国法律对合同的公证采取自愿原则。

4. 批准形式

批准形式是指法律规定某些类别的合同须采取经国家有关主管机关审查批准的一种合同形式。这类合同，除应由当事人达成意思表示一致而成立外，还应将合同书及有关文件提交国家有关主管机关审查批准才能生效。这类合同的生效，除应具备一般合同的生效要件外，在合同形式上还需同时具备书面形式和批准形式这两个特殊要件。

5. 登记形式

登记形式是指当事人约定或依照法律规定，采取将合同提交国家登记主管机关登记的方式订立合同的一种合同形式。登记形式一般常用于不动产的买卖合同。某些特殊的动产（如船舶等），在法律上视为不动产，其转让也采取登记形式。合同的登记形式可由当事人自行约定，也可以由法律加以规定。

6. 合同确认书

合同确认书即当事人采用信件、数据电文等形式订立合同，一方当事人可以在合同成立之前要求以书面形式加以确认的合同形式。

课题二　合同执行法规实务

一、合同的履行

1. 合同履行的概念

合同的履行，是指债务人全面地、适当地完成其合同义务，债权人的合同债权得到完全实现。如交付约定的标的物，完成约定的工作并交付工作成果，提供约定的服务等。

2. 合同履行的基本原则

1) 实际履行原则

实际履行原则，是指合同当事人必须严格按照合同规定的标的履行自己的义务，未经权利人同意，不得以其他标的代替履行或者以支付违约金和赔偿金来免除合同规定的义务。

实际履行基本含义为两个方面:一是当事人应自觉按约定的标的履行,不得任意以其他标的代替约定标的,尤其不能简单地用货币代替合同规定的实物或行为;二是当事人一方不履行或不完全履行时,首先应承担按约履行的责任,不得以偿付违约金或赔偿损失来代替合同标的履行,对方当事人有权要求其实际履行。

2) 全面履行原则

全面履行原则,是指当事人按照合同规定的标的及其质量、数量,由适当的主体在适当的履行期限、履行地点,以适当的履行方式,全面完成合同义务的履行原则。

合同是双方当事人根据自己的实际需要而订的,合同中的各项条款都反映了当事人所追求的目的和实际承受能力,如果不严格按照合同条款全面履行,权利人的合同目的就可能落空,从而造成很大的经济损失。因此,当事人应全面履行自己的义务。

3) 协作履行原则

协作履行原则,是指当事人不仅适当履行自己的合同债务,而且应基于诚实信用原则的要求协助对方当事人履行其债务的履行原则。

在合同履行中,协作履行的具体要求如下:

(1) 一方当事人履行合同义务,另一方当事人应尽量为其履行创造必要的方便条件,以使其实际履行得以实现。

(2) 一方当事人因客观情况发生变化需变更合同时,应及时通知对方,对方也应及时答复,共同协商妥善的变更办法。

(3) 一方当事人确实不能履行合同时,应及时向对方说明情况,对方接到通知后应积极采取补救措施,尽量减少或挽回损失。

(3) 一方当事人因过错违约时,对方应尽快协助纠正,并设法防止或减少损失;合同履行过程中发生争议,双方应本着实事求是的态度,及时协商解决。

4) 诚实信用原则

诚实信用原则,是指当事人按照合同约定的条件,切实履行自己所承担的义务,取得另一方当事人的信任,相互配合履行,共同全面地实现合同签订的目的。

5) 情势变更原则

情势变更原则,是指在合同有效成立后履行前,因不可归责于双方当事人的原因而使合同成立的基础发生变化,如继续履行合同将会造成显失公平的后果。在这种情况下,法律允许当事人变更合同的内容或者解除合同,以消除不公平的后果。情势变更的实质,乃是诚实信用原则的具体运用。

3. 政府定价、政府指导价的执行

执行政府定价或者政府指导价的,在合同约定的交付期限内政府价格调整时,按照交付时的价格计价。逾期交付标的物的,遇价格上涨时,按照原价格执行;价格下降时,按照新价格执行。逾期提取标的物或者逾期付款的,遇价格上涨时,按照新价格执行;价格下降时,按照原价格执行。

4. 抗辩权的行使

所谓抗辩权,是指对抗请求权或者否认对方的权利主张的权利,也称异议权。合同履行中的抗辩权一般可分为同时履行抗辩权、后履行抗辩权和不安履行抗辩权。

1）同时履行抗辩权

同时履行抗辩权，是指当事人互负债务，没有先后履行顺序的，应当同时履行。一方在对方履行之前有权拒绝其履行要求。例如，甲和乙签订合同时，没有约定好是先付款再交货还是先交货再付款，则双方中任何一方都有权提出在对方没有履行时就不履行自己的义务。

2）后履行抗辩权

后履行抗辩权，是指在合同中应当先履行的一方当事人未履行或者不适当履行，到了履行期限对方当事人有不履行或部分不履行的权利。当事人行使后履行抗辩权致使合同迟延履行的，迟延履行责任应由对方当事人承担。

3）不安履行抗辩权

不安抗辩权，就是若双方约定一方先为履行时，先为履行义务的一方在履行前发现他方的财产明显减少而有难为给付可能之时，可要求他方为对待给付或提供相当的担保。在他方为对待给付或提供相当担保前，该方拒绝自己的给付。

《中华人民共和国合同法》第68条规定："应当先履行债务的当事人，有确切证据证明对方有下列情形之一的，可以中止履行：

（1）经营状况严重恶化；

（2）转移财产、抽逃资金，以逃避债务；

（3）丧失商业信誉；

（4）有丧失或者可能丧失履行债务能力的其他情形。当事人没有确切证据中止履行的，应当承担违约责任。"

二、合同的担保

合同担保指合同当事人依据法律规定或双方约定，有债务人或第三人向债权人提供的以确保债权实现和债务履行为目的的措施。如保证、抵押、留置、质押等。

1. 担保分类

1）人的担保、物的担保和金钱担保

根据担保财产的形式不同，合同担保可以分为人的担保、物的担保和金钱担保。

（1）人的担保。又称为信用担保，是指债务人以外的第三人以其财产和信用为债务人提供的担保。人的担保以保证为基本形式。此外，还有连带债务、并存的债务承担等特殊形式。当债务人不履行其债务时，由保证人按照约定代债务人履行债务或者承担民事责任。

（2）物的担保。是以债务人或第三人的特定财产担保债务履行而设定的担保。也就是说，以债务人或者第三人所有特定的动产、不动产或其他财产权利作为清偿债权的标的，在债务人不履行其债务时，债权人可以将财产变价，并从中优先受清偿，使其债权得以实现的担保形式。

（3）金钱担保。是指以金钱为标的物的担保，即在债务以外又交付一定数额的金钱，该特定数额的金钱得丧与债务履行与否联系在一起，使当事人双方产生心理压力，从而促使其积极履行债务,保障债权实现的制度。其主要方式有定金、押金。

2)约定担保和法定担保

根据担保发生的依据,合同的担保可以划分为约定担保和法定担保。

(1)约定担保。是指依照当事人的意思表示,以合同的方式设立并发生效力的担保方式。约定担保,除法律对其成立要件和内容另有规定外,完全依照当事人的意思而设立。在我国现行担保法制下,抵押、质押、保证、所有权保留等均属于约定担保方式。

(2)法定担保。是指依照法律的规定而直接成立并发生效力的担保方式。法定担保可分为两种情形:一是当事人不得通过约定排除其适用的法定担保,如优先权、法定抵押权等担保方式;二是当事人可通过约定排除其适用的法定担保,如留置权这种担保方式。

3)本担保和反担保

根据担保设立的目的不同,合同的担保可以分为本担保和反担保。

(1)本担保。是指为保障主债权的实现而设立的担保。《中华人民共和国担保法》(以下简称《担保法》)第4条第1款规定:"第三人为债务人向债权人提供担保时,可以要求债务人提供反担保"。

(2)反担保。是为担保之债而设立的担保。在实践中运用较多的反担保形式是保证、抵押权,然后是质权。至于实际采用何种反担保方式,取决于债务人和原担保人之间的约定。

4)典型担保和非典型担保

根据法律上规定的适用和类型化的程度,合同的担保方式可分为典型担保和非典型担保。

(1)典型担保。是指法律上明确规定的担保方式。我国《担保法》第2条第2款规定:"本法规定的担保方式为保证、抵押、质押、留置和定金。"此外,其他一些法律中规定的担保方式,如我国《企业破产法》和《海商法》中规定的优先权,也为典型的合同担保方式。

(2)非典型担保。是指法律上尚未予以类型化,在实务中还不具有典型意义,但为学说、判例所承认的担保方式。如让与担保、所有权保留等都属于非典型的合同担保方式。

5)普通法上的担保和特别法上的担保

根据担保适用的范围和对象不同,可分为普通法上的担保和特别法上的担保。

(1)普通法上的担保。是指普通法所规定的适用于一般民事关系的担保方式。如我国《民法通则》、《担保法》、《物权法》规定下来的保证、抵押、质押、留置、定金等担保方式即属于普通法上的担保方式。应注意者,《物权法》所规定的担保方式主要是担保物权,而《担保法》所规定的担保方式则不仅包括担保物权,还包括非物权性质的担保方式。

(2)特别法上的担保。是指特别法所规定的适用于特定民事关系的担保方式。如我国《海商法》、《票据法》、《企业破产法》、《民用航空法》等规定的船舶优先权、船舶抵押权、船舶留置权、票据保证、破产优先权、民用航空器优先权等。

2.合同担保特征

(1)从属性。指合同担保从属于所担保的债务所依存的主合同,即主债依存的合同。合同担保以主合同的存在为前提,因主合同的变更而变更,因主合同的消灭而消灭,因主合同的无效而无效。

(2)补充性。是指合同担保一经成立,就在主债关系基础上补充了某种权利义务关系。

(3)保障性。指合同担保是用以保障债务的履行和债权的实现。

三、合同的变更、转让和终止

1. 合同的变更

合同变更是指合同客体和内容的变更。

合同变更具有下列特点:

(1)均以原合同有效为前提;

(2)须以双方协议的方式进行,单方无权变更;

(3)仅对未履行部分生效,已履行部分不受影响。

如果当事人对合同变更的内容约定不明确,应依法推定为未变更。如法律、行政法规规定变更合同应当办理批准、登记手续的,须依照法律规定办理批准、登记等法定手续。否则,也不能认定为合同变更。

合同变更的实质是以变更后的合同取代原合同。所以,合同变更原则上只向将来发生效力,已经履行的债务不因合同的变更而失去其法律根据。而且,合同变更仅对约定变更的部分发生效力,未变更部分的权利和义务继续有效。

2. 合同的转让

合同转让是指在不改变合同内容的前提下,合同当事人一方依法将其合同的权利和义务全部或部分转让给第三人的法律行为。合同的转让只是合同的主体发生了变更。

合同转让可分为债权转让、债务转让和概括转让 3 种情况。

1) 债权转让

债权转让是指合同债权人通过协商将其债权全部或部分转让给第三人的行为。原债权人称为让与人,新债权人称为受让人。

债权转让一般应具备如下条件:

(1)让与人须存在有效的合同权利;

(2)被转让的合同权利须具有可转让性;

(3)让与人与受让人须就合同权利的转让达成合意;

(4)合同转让不得违背法律的有关规定。

债权人转让债权的,应当通知债务人;未经通知,该转让对债务人不发生效力。债权转让的通知是让与人向债务人做出的关于转让债权的意思表示。以书面形式订立的合同,债权转让时应以书面通知;以口头形式订立的合同,债权转让时可以口头形式通知;法律有特别规定的,还应遵守法律规定,如票据转让以背书形式进行。转让通知到达债务人时发生效力。法律、行政法规规定转让权利应当办理批准登记手续的,应依法办理有关手续。债权转让有效成立后,即在让与人、受让人和债务人之间产生一定的法律效果。

2) 债务转让

债务转让是指在不改变合同内容的前提下,合同债权人、债务人通过与第三人订立协议,将合同债务全部或部分转让给第三人承担的法律行为。

债务转让须同时具备如下条件：
(1)须存在有效的合同义务；
(2)被转让的合同义务须具有可转让性；
(3)第三人须与债权人和债务人就合同义务的转让达成一致协议，由于债务转让与债权人的利益密切相关，所以还必须征得债权人的同意。

债务转让通常应先由债务人与第三人达成协议，然后再经债权人同意。法律、行政法规规定，转让合同义务应当办理批准登记手续的，依照规定办理。

有效的债务转让将发生如下法律效力：
①第三人作为债务人的法律地位产生；
②抗辩权随之转移；
③从债务也一并转移，债务转移后，新债务人应当承担与主债务有关的从债务。

3) 概括转让

概括转让是指由原合同当事人一方将其债权债务一并转让给第三人，由第三人概括地接受这些债权债务的法律行为。

合同的概括转让须具备如下条件：
(1)存在有效的债权债务；
(2)被转移的债权债务应具有可转让性；
(3)须转让人与受让人达成协议并经原合同另一方当事人同意。

合同的概括转让一般应先由转让人与第三人达成合同转让的协议，然后再经另一方当事人同意。若法律、行政法规规定合同转让应当办理批准、登记手续的，应依照规定办理。

合同概括转让生效后，将引起下列法律后果：
(1)转让人退出合同关系，第三人成为合同当事人，并取得原合同当事人享有的权利和承担的义务；
(2)转让人的抗辩权也转让给第三人；
(3)从属权利也一并转让给第三人，但专属于转让人的权利义务除外。

3. 合同的终止

合同的性质决定合同是有期限的民事法律关系，不可能永恒存在，有着从设立到终止的过程。合同的终止是指依法生效的合同，因具备法定情形和当事人约定的情形，合同债权、债务归于消灭，债权人不再享有合同权利，债务人也不必再履行合同义务。

《合同法》第91条规定有下列情形之一的，合同的权利义务终止：
(1)债务已经按照约定履行；
(2)合同解除；
(3)债务相互抵消；
(4)债务人依法将标的物提存；
(5)债权人免除债务；
(6)债权债务同归于一人；
(7)法律规定或当事人约定终止的其他情形。

合同终止后,当事人应当遵循诚实信用的原则,根据交易习惯履行通知、协助和保密等义务。当事人违反上述义务,也应承担赔偿责任。

四、违约责任

1. 违约责任的概念和特征

1)违约责任的概念

违约责任是违反合同的民事责任的简称,是指合同当事人一方不履行合同义务或履行合同义务不符合合同约定所应承担的民事责任。

2)违约责任的特征

(1)违约责任是一种民事责任;

(2)违约责任是违约的当事人一方对另一方承担的责任;

(3)违约责任是当事人不履行或不完全履行合同的责任;

(4)违约责任具有补偿性和一定的任意性。

2. 违约的免责事由

免责事由是指当事人对其违约行为免于承担违约责任的事由。

合同法上的免责事由可分为两大类,即法定免责事由和约定免责事由。法定免责事由是指由法律直接规定、不需要当事人约定即可援用的免责事由,主要指不可抗力;约定免责事由是指当事人约定的免责条款。

1)不可抗力

所谓不可抗力,是指不能预见、不能避免并不能克服的客观情况。不可抗力主要包括以下几种情形:

(1)自然灾害,如台风、洪水、冰雹等;

(2)政府行为,如征收、征用等;

(3)社会异常事件,如罢工、骚乱等。

因不可抗力不能履行合同的,根据不可抗力的影响,违约方可部分或全部免除责任。但有以下情况的例外:

(1)金钱债务的迟延责任不得因不可抗力而免除;

(2)迟延履行期间发生的不可抗力不具有免责效力。

2)免责条款

免责条款是指当事人在合同中约定免除将来可能发生的违约责任的条款,其所规定的免责事由即约定免责事由。《合同法》规定免责条款不能排除当事人的基本义务,也不能排除故意或重大过失的责任。

3. 违约责任的形式

违约责任的形式即承担违约责任的具体方式。违约责任有3种基本形式,即继续履行、采取补救措施和赔偿损失。除此之外,违约责任还有其他形式,如违约金和定金责任。

1)继续履行

继续履行又称强制实际履行,是指违约方根据对方当事人的请求继续履行合同规定的义务的违约责任形式。其特征为:

（1）继续履行是一种独立的违约责任形式，不同于一般意义上的合同履行；

（2）继续履行的内容表现为按合同约定的标的履行义务，这一点与一般履行并无不同；

（3）继续履行以守约方请求为条件，法院不得径行判决。

继续履行的适用，因债务性质的不同分为以下两种：

（1）金钱债务。无条件适用继续履行。金钱债务只存在迟延履行，不存在不能履行。因此，应无条件适用继续履行的责任形式。

（2）非金钱债务。有条件适用继续履行。对非金钱债务，原则上可以请求继续履行，但下列情形除外：法律上或事实上不能履行；债务的标的不适用强制履行或强制履行费用过高；债权人在合理期限内未请求履行。

2）采取补救措施

采取补救措施作为一种独立的违约责任形式，是指矫正合同不适当履行、使履行缺陷得以消除的具体措施。这种责任形式，与继续履行和赔偿损失具有互补性。

关于采取补救措施的具体方式，我国相关法律做了如下规定：

（1）《合同法》第111条规定修理、更换、重作、退货、减少价款或报酬等；

（2）《消费者权益保护法》第44条规定修理、重作、更换、退货、补足商品数量、退还货款和服务费用、赔偿损失；

（3）《产品质量法》第40条规定修理、更换、退货。

3）赔偿损失

赔偿损失又称违约损害赔偿，是指违约方以支付金钱的方式弥补受害方因违约行为所减少的财产或所丧失的利益的责任形式。

赔偿损失具有如下特点：

（1）赔偿损失是最重要的违约责任形式；

（2）赔偿损失是以支付金钱的方式弥补损失；

（3）赔偿损失是由违约方赔偿守约方因违约所遭受的损失；

（4）赔偿损失责任具有一定的任意性。违约赔偿的范围和数额，可由当事人约定。当事人既可以约定违约金的数额，也可以约定损害赔偿的计算方法。

赔偿损失的确定方式有两种：法定损害赔偿和约定损害赔偿。

法定损害赔偿是指由法律规定的，由违约方对守约方因其违约行为而对守约方遭受的损失承担的赔偿责任。

约定损害赔偿是指当事人在订立合同时，预先约定一方违约时应当向对方支付一定数额的赔偿金或约定损害赔偿额的计算方法。

4）违约金

违约金是指当事人一方违反合同时应当向对方支付的一定数量的金钱或财物。一般认为，《合同法》所确立的违约金制定是不具有惩罚性的违约金制定，而属于赔偿性违约金制定。我国《合同法》第114条第2款规定约定的违约金低于造成的损失的，当事人可以请求人民法院或仲裁机构予以增加，约定的违约金过分高于造成的损失的，当事人可以请求人民法院或仲裁机构予以适当减少。

5)定金责任

定金是指双方约定为了确保合同的履行,由一方按合同标的额的一定比例预先给付对方的金钱或其他替代物。

依据《合同法》的规定,定金合同要求用书面形式。定金合同自实际交付定金时生效。实际交付的定金数额多于或少于约定数额,视为变更定金合同;收受定金一方提出异议并拒绝接受定金的,定金合同不生效。定金数额不得超过主合同标的额的20%。如果超过的,则超过20%的部分无效。债务人履行债务后,定金应当抵作价款或收回。给付定金的一方不履行约定的债务的,无权要求返还定金;收受定金的一方不履行约定的债务的,应当双倍返还定金。据此,在当事人约定了定金担保的情况下,如一方违约,定金即成为一种违约责任形式。

案例分析

甲与某工厂订立了一份买卖汽车的合同,约定由工厂在6月底将一部行驶3万km的卡车交付给甲,价款3万元,甲交付定金5000元,交车后15天内余款付清。合同还约定,工厂晚交车1天,扣除车款50元,甲晚交款1天,应多交车款50元,一方有其他违约情形,应向对方支付违约金6000元。

合同订立后,该卡车因外出运货耽误,未能在6月底前返回。7月1日,卡车途径山路时,因遇暴风雨,被一块落下的石头砸中,车头受损,工厂对卡车进行了修理,于7月10日交付给甲。10天后,甲在运货中发现卡车发动机有毛病,经检查,该发动机经过大修理。遂请求退还卡车,并要求工厂双倍返还定金,支付6000元违约金,赔偿因其不能履行对第三人的运输合同而造成的营业收入损失3000元。工厂提出汽车没有运输过户手续,合同无效,双方只需返还财产。

问题:

(1)例中的买卖合同是否有效?乙是否需要支付违约金,并同意甲退车?

(2)乙是否需要支付违约金,并同意甲退车?

项目四　电子商务法规

📖 **学习目标**

完成本项目学习后,你应能:
1. 熟悉电子商务法的概念、发展历程与特征;
2. 熟悉电子合同的概念、特征与种类;
3. 明确电子支付的当事人权利义务及支付方式;
4. 熟悉电子证据的概念与特点,并能分析实际案例;
5. 知道电子商务市场准入及规范立法现状及问题;
6. 能说出常见的在线消费者权益侵权类型;
7. 能列举网上个人隐私权的侵权方式并说明保护措施;
8. 能区分在线不正当竞争的具体形式并应用相关法律。

建议课时:4课时。

随着电子商务的兴起,一方面给市场注入了新的活力,另一方面带来了一系列的交易规范问题。由于电子商务具有主体虚拟化、交易过程无纸化、支付手段电子化、交易空间泛地域化等特点,使得经营者与消费者之间的力量对比更加悬殊。一些经营者为了追求自身的最大利益,违背商业道德、置消费者权益于不顾的不正当竞争行为也接踵而来。不仅经营者之间相互恶意竞争,甚至很多消费者的知情权、隐私权等都不同程度上遭到经营者的侵犯。因此,熟悉并遵守电子商务交易的相关法律法规就显得尤为重要。

课题一　电子商务交易的法律规范

一、电子商务法律规范概述

随着网络技术的迅猛发展,电子商务得到广泛应用。在网络环境下如何规范交易成为一个世界性的问题。

从20世纪90年代中期开始,世界各国都在制定新的法案,解决电子商务的法律地位,承认电子合同的效力、电子文件的证据力等。从1995年美国犹他州颁布《数字签名法》至今,已有几十个国际组织和地区颁布了与电子商务相关的立法,其中较重要或影响较大的法规见表4-1。

电子商务的相关法规　　　　　　　　　　　　　　　　表4-1

俄罗斯	1995年《俄罗斯联邦信息法》
联合国贸易法委员会	1996年《电子商务示范法》;2000年《电子签名统一规则》
德国	1997年《信息与通用服务法》
意大利	1997年《数字签名法》
马来西亚	1997年《数字签名法》
新加坡	1998年《电子交易法》
美国	2000年《国际与国内商务电子签章法》
印度	2000年《电子签名和电子交易法》
加拿大	1999年《统一电子商务法》
欧盟	1999年《电子签名统一框架指令》
韩国	1999年《电子商务基本法》
中国香港	2000年《电子交易条例》
日本	2001年《电子签名与认证服务法》
中国台湾	2001年《电子签章法》
中国大陆	2004年《中华人民共和国电子签名法》

二、电子商务交易的法律规范

1. 电子商务的概念

电子商务(E-Commerce)是指以电子方式所进行的商业活动,这些电子方式包括EDI(电子数据交换)、E-mail(电子邮件)、传真以及电报等。

2. 电子商务法的概念

广义的电子商务法,是与广义的电子商务概念相对应的,它包括了所有调整以数据电文方式进行的商事活动的法律规范。至少可分为以电子商务为交易形式和以电子信息为交易内容的两大类规范。狭义的电子商务法,是指以数据电文为交易手段而形成的因交易形式所引起的商事关系的规范体系。

3. 电子商务法的特征

电子商务法本质上是21世纪的商人法,它具有以下两个基本特征:其一,它以商人的行业惯例为其规范标准;其二,它具有跨越任何国界、地域的,全球化的天然特性。

作为商事法律的一个新兴领域,除了具有上述特质之外,与其他的商事法律制度相比较,还存在着一些具体的特点,大致有以下几个方面:

(1)商法性。商法是规范商事主体和商事行为的法律规范。

(2)技术性。在电子商务法中,许多法律规范都是直接或间接地由技术规范演变而成。

(3)开放和兼容性。开放性是指电子商务法要对世界各地区、各种技术网络开放;兼容性,是指电子商务法应适应多种技术手段、多种传输媒介的对接与融合。

(4)国际性。电子商务固有的开放性、跨国性,要求全球范围内的电子商务规则应该是协调和基本一致的。联合国国际贸易法委员会的《电子商务示范法》为此奠定了基础。

案例分析

吉利汽车入驻淘宝商城

吉利上淘宝商城卖汽车,并且一分钟就卖出了300辆,应该算继2010年3月吉利汽车18亿美金收购沃尔沃后,第二次爆出大新闻。如图4-1所示。

图4-1 吉利网店界面

2010年12月6日,吉利汽车三大品牌之一的全球鹰官方旗舰店铺正式在淘宝商城开张,成为淘宝商城首家汽车销售企业。首日上线的车型为吉利熊猫轿车1.3L-5MT尊贵版,12月22日开始消费者可以正式在旗舰店页面购车,先支付定金288元再去4S店试驾,清楚了解汽车性能和价格之后再埋单。

吉利此次采取网络4S店销售与线下4S店体验及售后服务相结合的方式进行网上销售。之后,吉利将逐渐完善送车上门的定制服务,网络销售分期付款和在线支付全款等配套服务,为客户提供更优质的购买体验。

吉利集团副总裁、吉利汽车销售有限公司总经理刘金良表示,网络销售作为一个24小时互动开放的B2B、B2C平台,日益发挥起信息发布、集客、购物、服务等与汽车营销有关的重要作用,如果能利用好网络资源,会给中国汽车业带来不小的惊喜。

问题:
分析电子商务在汽车行业应用中的利与弊?

课题二 电子商务相关法律问题

一、电子合同

1. 电子合同的概念

电子合同(Electronic Contract),亦称电子商务合同,是指平等民事主体之间通过电子信息网络,主要以电子邮件和电子数据交换等形式设立、变更、终止财产性民事权利义务关系的协议。

2. 电子合同的特征

电子合同虽然是一种崭新的合同形式,但与传统合同所包含的信息大体相同,其成立同样要具备要约和承诺两个要件。在订立电子合同的过程中,合同的意义和作用并没有发生改变,只是其签订过程和载体已不同于传统的书面合同,其形式也发生了很大的变化。

电子合同与传统合同相比,有如下几个特征:

(1)电子合同是通过计算机互联网,以数据电文的方式订立的。传统合同的订立过程中,当事人一般通过面对面的谈判或通过信件、电报、电话、电传和传真等方式进行协商,并最终缔结合同。这是电子合同有别于传统书面合同的关键。

(2)电子合同交易的主体具有虚拟性和广泛性的特点。电子合同的交易主体可以是世界上的任何自然人、法人或其他组织,合同当事人的身份依靠密码辨认或者认证机构的认证。

(3)电子合同生效的方式、时间和地点与传统合同有所不同。在电子合同中,表示合同生效的传统的签字盖章方式被电子签名所代替。各国合同法对承诺生效的时间并不一致。一般认为,电子合同采取到达生效的原则更为合理,联合国《电子商务示范法》亦采取此种做法。传统合同的生效地点一般为合同成立的地点,而采用数据电文等形式所订立的合同,一般以收件人的主营业地为合同成立的地点;没有主营业地的,其经常居住地为合同成立的地点。

(4)电子合同的载体与传统合同不同。传统合同一般以纸张等有形材料作为载体,而电子合同的信息记录在计算机或磁盘等载体中,其修改、流转、储存等过程均通过计算机内进行。因此,电子合同也被称为"无纸合同"。

3. 电子合同的类型

合同的分类就是将种类各异的合同按照特定的标准所进行的抽象性区分。

电子合同可划分为以下几种类型:

(1)从电子合同订立的具体方式的角度,可分为利用电子数据交换订立的合同和利用电子邮件订立的合同。

(2)从电子合同标的物的属性的角度,可分为网络服务合同、软件授权合同、需要物流配送的合同等。

(3)从电子合同当事人的性质的角度,可分为电子代理人订立的合同和合同当事人亲自订立的合同。

(4)从电子合同当事人之间的关系的角度,可分为B-C合同,即企业与个人在电子商务活动中所形成的合同;B-B合同,即企业之间从事电子商务活动所形成的合同;B-G合同,即企业与政府进行电子商务活动所形成的合同。

二、电子支付

1. 电子支付及其特征

电子支付是指以计算机及网络为手段,将负载有特定信息的电子数据取代传统的支付工具用于资金流转,并具有实时支付效力的支付方式。

其主要特征包括:通过电子数据流转来完成信息传输;开放的系统平台;低成本性和高效性;涉及多方参与人。

2. 电子支付当事人及其权利义务

电子支付的当事人分为:资金划拨人或指令人;接受银行;受款人或受益人。

(1)指令人的权利。指令人有权要求接受银行按照指令的时间及时将指定的金额支付给指定的收款人;指令人的义务:受自身指令的约束、接受核对签字和认证机构的认证、按照接受银行的程序,检查指令有无错误或歧义,并有发出修正指令的义务。

(2)接受银行的权利。要求指令人支付所指令资金并承担支付的费用;拒绝或要求指令人修正其发出的无法执行的、不符合规定程序和要求的指令;只要证明因指令人的过错而致使他人假冒指令人通过认证程序,就有权要求指令人承担责任。接受银行的义务:按照指令人的指令完成资金支付;就其本身或后手的违约行为,向其前手和付款人承担法律责任。

(3)收款人的权利义务。收款人具有特殊的法律地位,收款人与指令人、接受银行并不存在支付合同上的权利义务关系,因此,收款人不能基于电子支付行为向指令人或接受银行主张权利。

3. 电子支付的方式

由于使用的传输网络、传输协议和支付程序的不同和相互组合,在实践中衍生出了各种各样的电子支付工具,具体有以下几种形式:

(1)电子资金划拨(EFT)。电子资金划拨多为贷方划拨,即债务人作为发端人,向其代理行发出支付指令,发端人代理行通过中介银行或直接向受益人代理行发出支付指令,直至款项最终到达受益人。

电子资金划拨具有无因性的特征。无论某笔资金交易的基础原因法律关系成立与否、合法与否,银行在按照客户以正常程序输入的指令操作后,一经支付就发生法律效力。发端人不得以其支付指令有误或支付的原因不合法为由要求银行撤销已完成的支付行为。

(2)电子支票。电子支票是一种借鉴纸张支票转移支付的优点,利用数字化网络传递将钱款从一个账户转移到另一个账户的电子付款形式,是今后电子商务发展的主要方向。

这种电子支票的支付是在与商户及银行相连的网络上以密码方式传递的,多数使用公用关键字加密签名或个人身份密码(PIN)代替手写签名。用电子支票支付,事务处理费用较低,而且银行也能为参与电子商务的商户提供标准化的资金信息。

(3)信用卡系统。这种电子支付方式的基本作法是通过专用网络或国际互联网以信用卡号码传送做交易,持卡人就其所传送的信息,先进行数字签名加密,然后将信息本身、数字签名经CA认证机构的认证后,连同电子证书等一并传送至商家。具体又分为账号直接传输方式、专用账号方式、专用协议方式等具体形式。

(4)电子现金。电子现金是一种以数据形式流通的货币。它把现金数值转换成为一系列的加密序列数,通过这些序列数来表示现实中各种金额的市值,用户在开展电子现金业务的银行开设账户并在账户内存钱后,就可以在接受电子现金的商家使用。

电子现金具有多用途、灵活性、匿名性、快速简便的特点,无需直接与银行连接便可使用,可以提高效率,方便用户使用,适用于小额交易。有智能卡和电子钱包等形式。

三、电子证据

1. 电子证据的概念

随着计算机技术的发展和广泛应用,尤其是电子商务的发展,电子证据逐渐成为新的诉讼证据之一。电子商务不仅涉及技术方面,如电信基础设施、信息技术标准、保密与安全手段,而且涉及大量的法律问题,如商业准则,知识产权,电子合同的形成、订立与生效,电子支付、出口管制和网络商务的规则等。因此,在电子商务活动中,需要使用数据电文作为证据,甚至是关键性证据。

电子证据是以数字化的信息编码的形式出现的,能准确地储存并反映有关案件的情况,对案件具有较强证明力的介于物证与书证之间的独立的证据。

2. 电子证据的特点

1) 技术含量高

电子证据是以计算机技术、存储技术甚至网络技术为基础的,如果没有外界的蓄意篡改或差错的影响,它很少受主观因素的影响,具有较强的证明力。大多数信息犯罪是通过程序和数据等这些无形的操作来实现,正是由于信息犯罪作案不受时间、地点的限制,犯罪行为实施后对机器硬件之类的信息载体可以不造成任何损坏,甚至不留下任何痕迹,所以犯罪行为不易被发现、识别,因此,电子证据的收集和审查判断,往往需要计算机专家凭借尖端技术来进行。

2) 易被伪造、篡改

信息本身是看不见、摸不着的,这使得犯罪分子很容易转移或毁灭罪证。在日益普及的网络环境下,数据的通信传输又为操纵计算机提供了更便利的机会,而行为人往往具有各种便利条件,更易变更软件资料,随时可以毁灭证据。此外,计算机操作人员的差错或供电系统、通信网络的故障等环境和技术方面的原因都会使电子证据无法反映真实的情况。

3) 复合性

现代计算机信息所表现出的内容一般不是单一的数据、文字、图像或声音,而是表现为图、文、声并茂,甚至人机交互处理。这种以多媒体形式存在的电子证据几乎涵盖了所有传统证据类型。

4) 间接性

我国《民事诉讼法》第69条规定:"人民法院对视听资料,应当辨别真伪,并结合本案的其他证据,审查确定能否作为认定事实的根据。"由于电子证据容易被伪造、篡改,再加上电子证据由于人为的原因或环境和技术条件的影响容易出错,所以,在很多情况下,电子证据常常作为间接证据使用。

间接证据虽不能单独、直接地证明事实,但在电子商务争端的仲裁或诉讼中却具有很重要的意义,因为电子商务中确定各方的权利和义务的各种合同和单证都是采用电子形式的。

此外,电子证据还具有无形性、易收集性、易保存性、可以反复重现等特性。

四、市场准入及规范

1. 市场准入及规范立法现状

鉴于电子商务企业在经营范围和管理模式方面的特殊性,有必要针对电子商务企业的市场准入制定专门的法律法规。目前从我国有关法律法规来看,主要包括以下两个方面的内容:

其一是国务院于2000年9月先后颁布的《中华人民共和国电信管理条例》和《互联网信息服务管理办法》。其中《电信管理条例》主要规定了电子商务企业经营增值电信业务的基本条件和审批管辖等基本要求;而《互联网信息服务管理办法》则在《中华人民共和国电信管理条例》基础上,进一步明确了从事经营性互联网信息服务的电子商务企业的设立条件、登记程序、审批机关等要求,从而确立了电子商务企业设立经营性网站的登记注册制度。

其二是国家工商行政管理总局2010年5月颁布的《网络商品交易及有关服务行为管理暂行办法》,该办法明确规定,电子商务企业通过网络从事商品交易及有关服务行为的,必须在工商登记机关办理营业登记,并应当在其网站主页或者从事经营活动的网页醒目位置公开营业执照登载的信息或者其营业执照的电子链接标志。

2. 存在的主要问题

1) 立法较为分散,缺乏统一的企业市场准入立法

尽管同为电子商务企业,如果企业组织形式不同,在设立时则实行不同的登记条件和登记程序。这种极为庞杂和分散的立法模式既造成了电子商务市场准入中的不平等,人为地设定了不同企业类型的准入门槛,同时也极大地提高了电子商务企业设立的成本。

2) 立法层级低,立法漏洞较多

现行有关电子商务企业市场准入立法,无论是《公司登记管理条例》和《企业法人登记管理条例》,还是《互联网信息服务管理办法》和《电信管理条例》,以及国家工商行政管理总局新近颁布的《网络商品交易及有关服务行为管理暂行办法》,都属于行政法规或部门规章,立法层级较低,与我国电子商务企业在市场经济发展中的地位极不相称,已明显不能满足其快速发展的需要。

3) 审批程序繁杂,监管部门多头

长期以来,我国对企业市场准入的管理方面一直坚持"严把市场准入关"的基本理念,既导致了企业登记前置审批程序复杂、管理部门的多头,也致使在实践操作中,各类企业登记审查程序极为烦琐,企业设立效率低下。

电子商务活动本身的低成本、高效率和开放性等特征要求电子商务企业的设立条件和程序也应本着适度和高效原则,在加强对电子商务市场规制和调控的同时,也要注重发挥电子商务市场机制自身的作用;既要防止政府对电子商务企业市场准入的过度控制,限制电子商务行业的进一步发展,同时又要避免各级部门互相推诿扯皮,使电子商务市场准入法律制度流于形式。

五、知识产权问题

当人们通过网络获取更先进、更方便、更快捷的知识的同时,伴随着高科技发展而产

生了许多新类型的问题。如在电子商务中以网络为传播媒介进行虚假广告、泄露商业秘密、侵犯域名权、侵犯网页著作权、侵犯内容著作权、侵犯商誉、侵犯商标、抄袭网页设计版式等种种不正当行为。在我们国家网络侵权行为随着互联网的飞速发展也在急剧增加,并且侵权的形式也越来越多样化。每年的纠纷案件中,专利权纠纷案件占第一位,第二位是著作权纠纷案件;涉及各类网络知识产权的纠纷案每年也有近千件。

1. 电子商务对知识产权的挑战

在电子商务范畴内,对知识产权提出的挑战主要体现在以下几个方面:

1) 著作权问题

著作权问题是电子商务中涉及最多的知识产权问题。著作权保护的核心内容是保护著作权人拥有控制作品传播和使用的权利。在传统的著作权保护下,著作权人对作品的复制权、发行权、传播权基本得到了保证。但是在网络环境中,著作权人面临着作品"失控"的严重威胁。网络中传输的数字信息,包括各种文字、影像、声音、图形和软件等都属智力成果,侵权行为人完全可以通过互联网不经著作权人许可而以任何方式对这些数字信息进行复制、出版、发行、传播,从而构成互联网著作权侵权的主要形式。

2) 商标和域名问题

域名是指连接到互联网上的计算机的地址。由于域名易记使用,具有指示消费者上网购物或寻求服务的功能,已经被广泛地用作一种商业标志符号,近几年国内外有关域名恶意抢注他人知名商标、域名与商标权、商号的冲突纠纷不断,已成为电子商务商标和域名保护需要解决的问题。

网站上以及网页上各种商标的授予和保护,域名的注册原则和授予标准以及域名本身的知识产权性质等一系列问题都需要加以解决。

3) 专利权问题

新颖性是发明创造申请专利的一项基本条件,专利法对于新颖性的判断是以申请目前没同样的发明创造在国内外出版物上公开发表、在国内公开使用或以其他方式为公众所知为标准的。

计算机程序和商业方法的专利性问题;界面设计、网上资料压缩技术、密码技术、信息处理、检索技术以及网上使用的软件专利性的问题,是电子商务对传统的专利制度提出的挑战。

2. 电子商务中知识"侵权"表现形式

1) 电子商务中侵犯著作权的行为

(1) 侵犯复制权的行为。复制权是著作权人最基本的权利,也是著作权保护的基础。电子商务过程中,通常要将享有著作权的作品进行数字化,如将文字、图像、音乐等通过计算机转换成为计算机可读的数字信息,以进行网络信息传输。由于这种数字化的转换一般由计算机直接完成,并没有进行创造性的劳动,数字化的作品与原作品相比,并没有作品根本属性的变化,因此这种行为可以视为一种复制行为,即侵犯了著作权人的复制权。

(2) 侵犯网络传播权的行为。将数字化的作品上传到网络后,由于网络的无国界性,任何人都可以在任何地点、任何时间通过网络下载得到该作品。除了自己下载以外,侵权行为人还可以通过电子公告版、电子邮件等传播、交换、转载有著作权的作品,并利用享有著作权的作品在网上盈利,这显然侵犯了著作权人的网络传播权,使著作权人的利益受到损失。

(3)侵犯数据库作品著作权的行为。数据库是由文学艺术作品或其他信息材料有序集合而形成的汇编物。电子商务的本质是各种信息的流动,而这些信息大多以数据库的形式组织和表现。由于数据库信息容量大、容易被复制和传播,侵权行为人往往利用网上的 FTP 文件传输功能,从数据库中取走作品文件,侵犯组成数据库的作品的著作权。

2)商标域名侵权

(1)商标的域名抢注。在互联网上的每个用户都有一个特定的、由数字和英语字母组成的"身份证",即域名,其基本功能就是标志特定的计算机地址。在电子商务活动中,绝大多数企业一般以自己的商标作为其网站的域名,一是方便客户的查找,另一方面也便于企业进行宣传。但很多企业在申请用自己的商标注册域名时,才发现已经被他人注册了,这就是典型的域名抢注行为。

域名抢注行为分为域名投资和恶意抢注两种。恶意抢注是以获利等为目的、用不正当手段抢先注册他人在该领域或相关领域中已经使用并有一定影响的商标、域名或商号等权利的行为,是一种侵犯知识产权的行为。而域名投资是凭借自己对市场的判断来注册商标,等它升值后再进一步转让,从中赚取差价。

(2)网络搜索引擎引起的"隐形商标侵权"行为。网络搜索引擎引起的商标侵权行为主要表现是某网站将他人的商标文字埋置于自己的网页源代码中,网络用户在通过搜索引擎查找他人的商标时,就会不知不觉地访问该网页。目前包括 Yahoo、Baidu、Google 等国内几大网上搜索引擎都具备关键词检索功能,在网络用户键入某个想要查找的主题词后,搜索引擎就会按照网页源代码中的关键词罗列查询结果,而且该网页还会位列搜索结果的前列。这种不经商标权人的许可而使用商标作为关键词的行为明显构成了对商标合法权益的侵犯,而且这种侵权行为具有非常隐蔽的特点。

六、在线消费者权益保护问题

相对于传统交易,电子商务具有交易主体虚拟化、交易过程无纸化、支付手段电子化、交易空间泛地域化等特点,这些特点使经营者与消费者之间的力量对比更加悬殊,网络消费者的知情权、自主选择权、公平交易权、安全权等更容易遭到网络经营者的侵犯。

1. 网络消费欺诈问题

网络消费欺诈是指经营者以非法占有为目的,在网络上利用虚构的商品和服务信息或者其他不正当手段骗取消费者财物的行为。需要强调的一点是,该概念中的经营者包含了真实的经营者和假冒经营者身份的欺诈行为人。

现阶段,网络消费欺诈的手段主要有:低价陷阱套取货款、空头承诺骗取订金、网络拍卖欺诈等。

2. 网络虚假广告问题

网络虚假广告是指经营者为达到引诱消费者购买商品或接受服务的目的而发布的关于其商品或服务的不真实的信息,如夸大产品性能和功效、虚假价格、虚假服务承诺等。网上广告因其特殊性,给相关部门的审查和监管带来了一定难度。而网络广告是网络消费者购物的重要依据,消费者的购物决定在很大程度上根据广告文字和图像判断而做出。消费者很难判别广告信息的真实性、可靠性,其知情权和公平交易权难以得到保障。

3. 网络消费合同履行问题

网络消费合同不适当履行的行为主要表现在以下几个方面:

(1) 延迟履行。网络购物的物流配送缓慢是消费者经常遭遇的问题之一,出于某些原因,经营者向消费者承诺的交货日期难以兑现。

(2) 瑕疵履行。网络消费者在认购商品并发出货款后,经常出现实际交付商品的种类、数量、质量等与物品介绍不一致的情况。

(3) 售后服务无法保证。网络交易的最大特点就是打破了地域的限制,虽然《消费者权益保护法》规定了经营者承担"包修、包换、包退"的义务,但因为跨地域交易、经营者真实身份难以认定等因素,消费者很难实现其享受售后服务的权利。关于数字化商品的退货问题也成为《消费者权益保护法》面临的新问题。

我国《消费者权益保护法》对经营者的合同履行期限未做规定,相关法律法规中也没有偏向消费者履行期限的规则。根据欧盟2000年10月31日生效的《消费者保护(远程销售)规则》:"供应商必须自消费者向其发出订单的30天内履行合同。无论出现任何原因,供应商未能在规定期限内履行合同,必须尽快通知消费者并返还所涉款项,通知与返还期限在履行期届满30天内。"该规则同时规定"消费者有权在最少7个工作日内撤销任何远程契约,且不需要给付违约金与说明理由。在撤销契约中,消费者承担的费用仅限于返还货物的直接费用。"我国在未来的立法中,应当考虑这两个规则,有条件的确定最长履行期限和"犹豫期"。前者可以促使经营者及时处理信息,尽快履行合同;后者可以确保消费者"退货权"的实现,同时保障经营者的合法利益。

4. 网络格式合同问题

目前,网络消费类合同中普遍采用的是格式合同形式,大多数交易条款或服务条款都是经营者事先拟定好的,消费者一般只能接受或拒绝。消费者在网络交易中经常遇到点击类格式合同(click-warp contract),即消费者按照网页的提示,通过点击经营者网站的"同意"或"接受"按钮所订立的网络合同。另一种格式合同是浏览类格式合同(browse-warp contract),指经营者作为合同的一方在合同中约定,访问者一旦浏览了其网站主页便与该经营者成立了合同。

经营者的格式合同中,存在着减轻、免除自己责任的条款,这些条款较高的隐蔽性令消费者忽略了条款中不公平、不合理的内容。

5. 网络支付安全问题

网络交易是一种非即时清结交易,通常由消费者通过信用卡或其他支付手段付款,经营者收到货款后才发货或提供服务,这区别于生活中即时清结的消费交易。网络的开放性增加了消费者财产遭受侵害的风险,消费者在使用电子货币支付货款时可能承担以下风险:网上支付信息被厂商或银行收集后无意或有意泄露给第三者,甚至冒用;不法分子盗窃或非法破解账号密码,导致电子货币被盗、丢失;消费者未经授权使用信用卡造成损失;信用卡欺诈;支付系统被非法入侵或病毒攻击等。

对于保障网络支付安全,除了采取当事人自律规范、从网络技术上确保交易安全等措施外,更要从法律上明确银行、经营者的赔偿责任,平衡其与消费者之间的权利义务。我国在制定电子货币支付相关法律时,可以借鉴其他国家的法律内容,采取对消费者权益实行重点保护的立法原则。

6. 消费者损害赔偿权难以实现问题

消费者的损害赔偿权又称求偿权。实现这种权利的前提是消费者在进行交易的过程中或使用商品和接受服务后,人身或财产遭受了一定的损害。

网络的特性和相关法律的缺失使网络经营者和消费者之间产生大量的纠纷。当消费者发现自己权益遭受侵害后,因无法得知经营者的真实身份或者经营者处于其他地区而无法或不便寻求救济。而且过高的诉讼成本、举证困难、网络交易纠纷的管辖权与法律适用的不确定也导致消费者容易放弃求偿权。

七、网上个人隐私保护问题

1. 隐私权

1890 年,美国著名学者布兰戴斯和沃伦在《哈佛大学法律评论》第 4 期上发表《论隐私权》一文,初次提出了隐私权(Privacy)的概念和理论,在此后的 100 多年里,隐私权作为公民人格权的重要内容逐渐得到法律上的确认和保护。

一般认为,隐私权是指公民享有的、对个人的与社会的公共利益无关的个人信息、私人活动和私有领域进行支配的一种人格权。它主要包括以下内容:

(1)个人生活安宁权。指权利主体能够按照自己的意愿从事或不从事某种与社会公共利益无关或无害的活动,不受他人干涉,破坏和支配。

(2)个人信息保密权。包括所有的个人信息即资料,诸如身高、体重、疾病、健康状况、生活经历、财产状况、婚恋、社会关系、爱好、信仰、心理特征等权利主体有权保密不被知悉,禁止他人非法利用的权利。

(3)个人通讯秘密权。权利主体有权对个人信件、电报、电话、传真及谈话的内容加以保密,禁止他人非法窃听或窃取的权利,是个人隐私权的一项重要内容。

(4)个人隐私支配权。在不违反法律的强制性规定,不违反社会公共利益的前提下,权利主体有权按照自己的意志利用隐私,以从事各种满足自身需要的活动,而不受他人干涉和控制的权利。

2. 电子商务中的隐私权

电子商务中的隐私权是指消费者在网络与电子商务中享有私人生活安宁权与私人信息依法受到保护,不被他人侵犯、知悉、搜集、复制、公开利用的一种人格权,也指禁止在电子商务交易中泄露某些与个人有关的敏感信息,包括事实、图像以及毁损的意见等。

3. 电子商务中隐私权的侵权方式

(1)个人数据过度搜集。目前,电子商务网站上流行有一种很普通的模式,当消费者在网上浏览、咨询或购物时,总被要求填写一系列的表格以确定浏览者的身份,从而在一定程度上形成了个人数据的过度收集。

(2)个人数据的二次开发利用。主要是指商家将自己所搜集到的个人数据经过分析整理和挖掘以后得到的更为翔实的数据而把它们用于商业交易或其他目的。

(3)个人数据交易。个人数据交易往往都是未经消费者的同意,完全在其不知情的情况下,将消费者的个人数据用于商业交易以获取高额利润,这完全违背了保护消费者隐私的原则。

4. 电子商务中的隐私权的特点

(1)内容的不断拓展。随着互联网的盛行和电子商务的发展,许多新兴的个人数据成为隐私权的主要内容,例如电子邮件、个人账户、个人主页、网域名称、使用者名称及通行证、IP地址等。它们与传统的隐私权的内容一起构成了电子商务的隐私权。

(2)隐私权的内容更具有经济价值性。在电子商务中,个人数据不仅是电子商务网站赖以维系的根基,而且对各种从事电子商务活动的商家和组织而言,掌握大量的个人数据无疑使他们从事生产经营活动以获取利润或在商业竞争中取胜更具有了有利的条件。

(3)隐私权产生的环境为网络。电子商务突出的特征是通过互联网使主要的活动通过计算机及信道构成的网络世界来完成,这种网络构成了一个区别于传统商业环境的新环境,被称为虚拟世界。在电子商务中,消费者和商家就是在这个虚拟的世界中进行交易的,消费者的个人数据也是在这个虚拟的世界中流动的。

5. 电子商务中隐私权的技术保护

电子商务中的隐私权的技术保护主要是指利用安全技术为消费者的个人数据在存储、处理、传输过程中提供安全机密的保证,防止未经授权的"入侵者"非法修改、提取、窃听或利用。这种安全技术主要有:

(1)密码技术。它是目前保证电子商务安全的最主要的技术,主要有:信息加密技术、数字技术、安全认证技术3种。

(2)防火墙技术。防火墙是建立在通信技术和信息安全技术之上,用于在网络之间建立一个安全屏障,根据指定的策略对网络数据进行过滤、分析和审计,并对各种攻击提供有效的防范。防火墙技术作为目前用来实现网络安全的一种手段,主要用来拒绝未经授权的用户,阻止未经授权的用户存取敏感数据。

(3)入侵检测技术。入侵检测是防火墙的合理补充,帮助系统对付网络攻击。扩展系统管理员的安全管理能力,提高了信息安全基础结构的完整性。它是今年来出现的新型网络安全技术,为网络安全提供实时的入侵检测并采取相应的防护手段,例如记录证据,用于跟踪、恢复、断开网络连接等。

6. 电子商务中隐私权的法律保护

我国大陆还没有直接针对个人隐私权保护的法律,并且在其他的法律法规中的相关规定也很单薄,尤其是对网络与电子商务中的隐私权的保护,在我国法律界还是个新的命题。

我国香港特别行政区制定了《个人隐私权保护条例》。

美国是世界上保护隐私权最早的国家之一,1974年颁布了《隐私权法》,可以视为美国对隐私权保护的基本法。作为电子商务最为发达的国家之一,美国对网络隐私权的保护更是非常重视,早在1986年国会就通过了《联邦电子通讯隐私权法案》,它规定了通过截获、访问和泄露保存的通信信息侵害个人隐私的情况、例外及责任,是处理网络隐私权保护问题的重要法案。

1995年10月欧盟的《个人数据保护指令》几乎涵盖了所有处理个人数据的问题,包括个人数据处理的形式,个人数据的收集、记录、储存、修改、使用和销毁,以及个人数据的收集、记录、搜寻、散布等。它规定了各个成员国必须根据该指令调整制定本国的个人数据保护法,以及保障个人数据在各个成员国之间的自由流通。

八、在线不正当竞争问题

1. 电子商务不正当竞争行为的界定

我国《反不正当竞争法》第2条规定:不正当竞争行为是指经营者违反本法规定,损害其他经营者的合法权益,扰乱社会经济秩序的行为。电子商务中的不正当竞争行为泛指经营者在电子商务中采取各种虚假、欺诈、损人利己等违法手段,损害其他经营者的合法权益,扰乱电子商务秩序的行为,其表现形式为诸如域名抢注、网络虚假广告、网络商业秘密侵权等。

2. 电子商务不正当竞争行为形式

1)混淆行为

混淆行为是指生产者或经营者为争夺竞争优势,在自己的商品或者营业标志上不正当地使用他人的标志,使自己的商品或营业与他人经营的商品或营业相混淆来谋取不正当利益。

电子商务中混淆行为具体表现为:将他人注册商标、商号登记为网站名称,搭其他经营者的便车;网站的Logo标志与他人商标、商号、标志等相同或相似;域名与域名之间相似;模仿、抄袭其他经营者的网页等。

2)虚假宣传

虚假宣传是指经营者为获取市场竞争优势和不正当利益,对商品或提供的服务进行虚假和引人误解的宣传的行为。

电子商务中的虚假宣传相对于传统商业模式下虚假宣传而言,由于网络技术的特点,其形式和手段更加多样,诸如可以采取BBS、电子邮件等新的形式进行虚假宣传;影响更加广泛。可以对其竞争对手在全球范围内造成影响。

3)侵犯商业秘密

《布莱克法学大辞典》将商业秘密解释为"用于商业上的配方、模型、设计或信息的汇集,使拥有人相对于其他不知或不使用的竞争者有更多获得利益的机会"。

一般来讲,商业秘密具有两个特点:一是秘密性。即该种信息只有有限的人知道,并且经过权利人采取了适当的保密措施,这是构成商业秘密的核心特征;二是经济实用性。即技术或经营信息能为权利人带来现实或潜在的竞争利益。这是商业秘密的价值所在。

电子商务中侵犯商业秘密的形式主要表现为:电子商务企业员工利用自身的优势,非法获取企业的商业秘密信息;"黑客"非法入侵其他经营者计算机信息系统窃取数据;以BBS、新闻组、FTP传输文件和远程登录等方式,披露非法获取的商业秘密等。

4)商业诋毁

商业诋毁,是指通过捏造、公开伪事实或虚假信息,对特定商事主体的商誉、商品或服务进行贬低和诋毁,造成其商业利益损失的侵权行为。

电子商务中的商业诋毁主要有以下几种形式:运用网络广告诋毁其他经营者的商誉;在 BBS 上进行商业诋毁;网络匿名诽谤等。

5)域名抢注

域名在网络中的全球唯一性相当于企业在互联网上的"商业标志",使得其具有了潜在的商业价值,由此而产生的域名抢注纠纷也日渐增多。与混淆行为下使用与竞争对手相似的域名不同。域名抢注是将知名的商标或企业名称注册为域名,以便将来把这些知名商标或企业名称注册的域名高价出让。使用与竞争对手相似的域名类似于"傍名牌"。而域名抢注更类似于"网络敲诈"。

6)网页链接

基于网络"互联与共享"的本质特点,链接是当今互联网上常用的技术手段,包括普通链接、深度链接及加框链接等。它有效地实现了信息共享,方便使用者的查询;合理地使用还可以使经营者增强网络宣传的效果,扩大自己的影响。不正当竞争者通过不合理的链接方式将他人的成果轻而易举纳为己有,必然会影响原网站经营者的利益,从而构成不正当竞争。

案例分析

韩某有一天在网上浏览,发现一辆二手帕萨特汽车起拍价只有 10 元人民币,他想可能是网站在搞什么促销活动,就参加了竞拍。几轮下来他成功了,成交价是 116 元。网站通过电子邮件进行了确认,并给他发来了电子合同。

韩某根据网站提供的电话,跟卖主联系,卖主是一家卖二手车的汽车经销公司,也收到了网站发来的那份电子合同,但是该公司坚决不同意交车,理由是这份合同无效。该公司解释如下:①这辆汽车的底拍价是 10 万元而不是 10 元,在网站上显示的 10 元底拍价是由于其工作人员输入失误造成的;②116 元就把车卖了,这个合同是不公平的。而韩某的手上有 3 份证据:一份是网络公司给他发来的电子确认书,第二份是电子合同,另外还有一份整个交易过程的证据。经多次交涉无果,韩某最后只好把汽车经销公司告到法院。

问题:

这份网上竞拍的电子合同是否有效?为什么?请说明理由。

项目五　汽车特殊销售方式法规

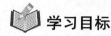

学习目标

完成本项目学习后,你应能:
1. 知道代销的概念及与其他汽车经营方式的关系;
2. 知道汽车代销合同的内容;
3. 知道汽车特许经营的含义及产生和发展;
4. 陈述汽车特许经营合同的主要内容;
5. 知道政府采购的方式及程序;
6. 知道招标投标法的相关内容及法律责任。

建议课时:4课时。

在汽车销售过程中,除了传统的销售方式之外,还存在着汽车代销、汽车特许经营、政府采购和招标投标等特殊销售方式,这些特殊的销售方式对汽车营销模式产生了巨大的影响,因此了解和掌握汽车代销、特许经营、政府采购以及招标投标等相关法规对汽车营销从业人员具有重要的意义。

课题一　代　销　法

一、代销概述

1. 代销的概念及特点

所谓的汽车代销,就是汽车生产厂家或代理商将汽车产品交给批发商或零售商进行销售,在规定的时间内或者在汽车销售出去后才收取货款的一种销售方式,如图5-1所示。

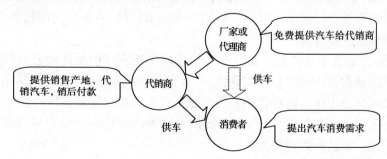

图5-1　汽车代销示意图

汽车代销的特点主要有：
(1)厂家或代理商免费提供产品给代销商销售,由代销商销售产品之后再收取货款。
(2)厂家或代理商对代销产品负有一定的滞销责任。
(3)具有一定的风险,厂家或代理商可能面临着产品和货款都无法收回的情况。

想一想：
汽车代销对汽车厂家或代理商有哪些好处？

2. 代销与其他经营方式的关系

代销与分销、直销以及代理的关系见表5-1。

分销、代销、直销及代理的关系　　　　　　　　　　表5-1

概念	含义
分销	所谓分销就是分散销售。但是这种销售不是盲目的销售,而是有计划的销售,需要分销商具有服务终端的概念。一个厂家寻找多家代理商和经销商就称分销
代销	代销一般是代销商将产品销售出去之后,才将货款给予厂家或代理商。被代销方对所代销产品具有回收权。代销一般有两种形式：一是赚取代销差价,二是不赚取差价,而是收取一定的销售服务费。它实际上是厂家(代理商)把产品让给商家的"试用"过程,若"试用"成功,商家就会经销该产品
直销	直销是销售人员在固定的营业场所之外直接向终端消费者推销产品的经销方式。企业与消费者之间除销售人员外,不存在其他渠道层次
代理	代理是指代理人在代理权限范围内以被代理人的名义进行产品的销售。代理人是以被代理人来实施相关法律行为的。代理人具有相对独立的地位,一般需要自负盈亏

二、汽车代销合同

汽车代销合同是汽车生产厂商或代理商与代销企业所签订的产品代销合同,具体合同内容主要有：

(1)单位名称。即汽车代销双方企业全称。

(2)代销双方权利的约定。一般情况下,汽车代销合同应注明被代销方对代销汽车拥有所有权以及回收权。而代销方只拥有代销汽车的销售权,并没有使用权和所有权,但有对所代销车辆信息的知情权。

(3)代销双方的责任及义务。在汽车代销合同中还应注明被代销方及代销方的相互责任。代销方应确保被代销汽车的完好性,并有责任组织销售,在收到汽车销售货款后在规定日期内完成交款工作。而被代销方则应保证代销方所在区域市场的保护。

(4)代销双方产生的违约行为以及纠纷问题的解决途径。一般采用协商解决以及代销双方中的一方当地法院诉讼解决。

(5)代销合同的有效期限。

(6)代销双方的详细信息及负责人签名或公司盖章。

课题二　特许经营法

一、特许经营概述

1. 特许经营的含义及特征

我国《商业特许经营管理条例》中定义：商业特许经营是指拥有注册商标、企业标志、专利、专有技术等经营资源的企业（即特许人），以合同的形式将其拥有的经营资源许可其他经营者（被特许人）使用，被特许人按照合同约定在统一的经营模式下开展经营，并向特许人支付特许经营费用的经营活动。

特许经营具有以下几个特征：

（1）特许人是拥有经营资源的企业；
（2）特许经营是特许人与被特许人之间的合同关系；
（3）被特许人应当在统一的经营模式下开展经营；
（4）被特许人需要向特许人支付一定的费用。

想一想：
你身边有哪些依靠通过经营模式做得比较成功的企业呢？

2. 特许经营的类型

按照特许经营的内容来划分，可以划分为商标特许经营及经营模式特许经营。

（1）商标特许经营是指特许者向被特许者转让某一品牌商品的制造权和经销权。如国内品牌汽车制造公司以及汽车品牌4S店等都是此类形式。

（2）经营模式特许经营是指被特许人不仅购买商品的销售权，同时购买了整个商业模式的经营权，特许人应对被特许人提供经营运作的指导和支持。如麦当劳、肯德基、海底捞等快餐企业以及一些假日酒店等。

3. 特许经营的作用

对于特许人来说，特许经营给其带来的作用如下：

1）有助于企业规模迅速扩大

对于特许人来说，采用特许经营模式可以通过花费较少的资金投入和人力投入而达到迅速扩张的目的。

2）有助于特许经营事业的发展

由于被特许人需要向特许人缴纳一定的加盟费，并且加盟店经营的好坏直接影响到特许人自身的利益。因此，一方面特许经营可以给特许人带来更多的发展资金，另一方面特许人也有责任心和积极性指导被特许人经营，从而推动了特许经营事业的发展。

二、特许经营的产生和发展

特许经营起源于南北战争之后的美国。在19世纪中叶缝纫机逐渐被广大消费者接受的时候，美国的胜家缝纫机公司借助在全国各地设置特许经销店的方式来销售其产品，并很快占领了美国的缝纫机市场。随后，特许经营模式逐步传入了欧洲、日本和东南亚的国家。

在20世纪80年代后期,国际上一些特许经营组织开始进入我国市场,主要集中在冲印服务、服装专卖、餐饮业以及便利店等领域。而在当时,我国并没有特许经营的相关法律法规。外国企业主要以直营、联营、合资以及场地租赁等方式发展分店。此时的特许经营处于市场启蒙期。

从1992年开始,我国一些本土企业也开始尝试特许经营,并取得了较好的发展。如1993年李宁公司实施特许经营,同时,全聚德也借助特许经营得到了发展。此时的特许经营处于市场萌芽期。

1995年到2005年期间,特许经营模式在我国得到了快速的发展。至2005年,我国特许经营体系总数已经达到了2320个,特许加盟店16万家。从早先的餐饮、服装发展到现在的超市、便利店、汽车销售与服务、教育等几十个行业。此时的特许经营处于市场发展期。

2005年后,我国的特许经营体系已经进入了市场发展成熟期。

而在我国特许经营业务的快速发展背后,也存在着不少的问题。一些从事特许经营活动的特许人根本不具备相应的条件、特许经营活动不规范、市场秩序比较混乱、特许人和被特许人信息不对称等使得特许经营活动的当事人,尤其是被特许人的合法权益得不到保障。以特许经营名义进行的欺诈等违法犯罪活动时有发生。因此为了规范商业特许经营活动,促进商业特许经营的健康、有序的发展,维护特许经营市场秩序,我国于2007年1月31日国务院第167次常务会议上通过了《商业特许经营管理条例》,并从2007年5月1日开始施行。

《商业特许经营管理条例》的实施,意味着我国特许经营走上了一个新的台阶,进入到了一个有法可依的新阶段,这在一定程度上将改变我国特许经营市场鱼龙混杂、当事人利益得不到保障的局面。

小知识:

《商业特许经营管理条例》的实施对我国特许经营市场产生的影响:

(1)社会各界对特许经营关注度增加。

(2)特许经营企业的规范化水平提高。

(3)投资者自我保护意识日益增强。

(4)商务部门依法管理水平得到提高。

三、特许经营市场准入制度

1. 特许人从事特许经营的条件

(1)特许人从事特许经营活动应当拥有成熟的经营模式,并具备为被特许人提供持续经营指导、技术支持和业务培训等服务的能力。

(2)特许人从事特许经营活动应当拥有至少两个直营店,并且经营时间超过一年。

(3)企业以外的其他单位和个人不得作为特许人从事特许经营活动。

2. 备案制度

特许人应当自首次订立特许经营合同之日起15日内,依照相关的规定向商务主管部门备案。在省、自治区、直辖市范围内从事特许经营活动的,应当向所在地省、自治区、直辖市人民政府商务主管部门备案;跨省、自治区、直辖市范围从事特许经营活动的,应当向国务院商务主管部门备案。

特许人向商务主管部门备案,应当提交下列文件、资料:
(1)营业执照复印件或者企业登记(注册)证书复印件;
(2)特许经营合同样本;
(3)特许经营操作手册;
(4)市场计划书;
(5)表明其符合《商业特许经营管理条例》第七条规定的书面承诺及相关证明材料;
(6)国务院商务主管部门规定的其他文件、资料。

特许经营的产品或者服务,依法应当经批准方可经营的,特许人还应当提交有关批准文件。

四、特许经营合同

1. 特许经营合同的主要内容

从事特许经营活动,特许人和被特许人应当采用书面形式订立特许经营合同。特许经营合同应当包括下列主要内容:
(1)特许人、被特许人的基本情况;
(2)特许经营的内容、期限;
(3)特许经营费用的种类、金额及其支付方式;
(4)经营指导、技术支持以及业务培训等服务的具体内容和提供方式;
(5)产品或者服务的质量、标准要求和保证措施;
(6)产品或者服务的促销与广告宣传;
(7)特许经营中的消费者权益保护和赔偿责任的承担;
(8)特许经营合同的变更、解除和终止;
(9)违约责任;
(10)争议的解决方式;
(11)特许人与被特许人约定的其他事项。

特许人和被特许人应当在特许经营合同中约定,被特许人在特许经营合同订立后一定期限内,可以单方解除合同。

特许经营合同约定的特许经营期限应当不少于3年。但是,被特许人同意的除外。

特许人和被特许人续签特许经营合同的,则不受年限约定。

2. 特许人的责任义务

(1)特许人应当向被特许人提供特许经营操作手册,并按照约定的内容和方式为被特许人持续提供经营指导、技术支持、业务培训等服务。

(2)特许经营的产品或者服务的质量、标准应当符合法律、行政法规和国家有关规定的要求。

(3)特许人要求被特许人在订立特许经营合同前支付费用的,应当以书面形式向被特许人说明该部分费用的用途以及退还的条件、方式。

（4）特许人向被特许人收取的推广、宣传费用，应当按照合同约定的用途使用。推广、宣传费用的使用情况应当及时向被特许人披露。特许人在推广、宣传活动中，不得有欺骗、误导的行为，其发布的广告中不得含有宣传被特许人从事特许经营活动收益的内容。

（5）未经特许人同意，被特许人不得向他人转让特许经营权。被特许人不得向他人泄露或者允许他人使用其所掌握的特许人的商业秘密。

（6）特许人应当在每年第一季度将其上一年度订立特许经营合同的情况向商务主管部门报告。

（7）特许人应当依照国务院商务主管部门的规定，建立并实行完备的信息披露制度。

（8）特许人应当在订立特许经营合同之日前至少30日，以书面形式向被特许人提供有关信息，并提供特许经营合同文本。

（9）特许人应当向被特许人提供：特许人的名称、住所、法定代表人、注册资本额、经营范围以及从事特许经营活动的基本情况；特许人的注册商标、企业标志、专利、专有技术和经营模式的基本情况；特许经营费用的种类、金额和支付方式（包括是否收取保证金以及保证金的返还条件和返还方式）；向被特许人提供产品、服务、设备的价格和条件；为被特许人持续提供经营指导、技术支持、业务培训等服务的具体内容、提供方式和实施计划；对被特许人的经营活动进行指导、监督的具体办法；特许经营网点投资预算；在中国境内现有的被特许人的数量、分布地域以及经营状况评估；最近2年的经会计师事务所审计的财务会计报告摘要和审计报告摘要；最近5年内与特许经营相关的诉讼和仲裁情况；特许人及其法定代表人是否有重大违法经营记录以及其他国务院商务主管部门规定的其他信息。

（10）特许人向被特许人提供的信息应当真实、准确、完整，不得隐瞒有关信息，或者提供虚假信息。特许人向被特许人提供的信息发生重大变更的，应当及时通知被特许人。特许人隐瞒有关信息或者提供虚假信息的，被特许人可以解除特许经营合同。

3. 被特许人的责任义务

（1）按时、足额缴纳特许经营费。

（2）不得制造、销售或使用与特许人产品有竞争性的商品。

（3）不得成立与被特许人相似的企业与特许经营体系进行竞争。

（4）保护被特许人的知识产权，承担相关保密义务。

（5）其他合同约定的相关责任和义务。

五、违反商业特许经营管理条例的法律责任

（1）特许人不具备特许经营条件，而从事特许经营活动的，由商务主管部门责令改正，没收违法所得，处10万元以上50万元以下的罚款，并予以公告。

（2）企业以外的其他单位和个人作为特许人从事特许经营活动的，由商务主管部门责令停止非法经营活动，没收违法所得，并处10万元以上50万元以下的罚款。

（3）特许人未依照相关规定向商务主管部门备案的，由商务主管部门责令限期备案，并处1万元以上5万元以下的罚款；逾期仍不备案的，处5万元以上10万元以下的罚款，并予以公告。

(4) 特许人在未签订合同之前收取被特许人费用而为提供费用说明以及在收取广告费、推广费的同时未能提供费用使用情况的。由商务主管部门责令改正,可以处1万元以下的罚款;情节严重的,处1万元以上5万元以下的罚款,并予以公告。

(5) 特许人在宣传推广活动中存在欺骗、误导以及宣传被特许人从事特许经营活动收益的内容的,由工商行政管理部门责令改正,处3万元以上10万元以下的罚款;情节严重的,处10万元以上30万元以下的罚款,并予以公告;构成犯罪的,依法追究刑事责任。特许人利用广告实施欺骗、误导行为的,依照广告法的有关规定予以处罚。

(6) 特许人未能向被特许人提供《商业特许经营管理条例》中所规定信息的,被特许人向商务主管部门举报并经查实的,由商务主管部门责令改正,处1万元以上5万元以下的罚款;情节严重的,处5万元以上10万元以下的罚款,并予以公告。

(7) 以特许经营名义骗取他人财物,构成犯罪的,依法追究刑事责任;尚不构成犯罪的,由公安机关依照《中华人民共和国治安管理处罚法》的规定予以处罚。以特许经营名义从事传销行为的,依照《禁止传销条例》的有关规定予以处罚。

案例分析

丁某将一件九成新、价值1000元的羊绒大衣送至某洗衣设备公司的特许加盟店干洗,3日后丁某到加盟店取大衣,谁知加盟店的工作人员却告知丁某大衣已被洗坏。丁某遂要求加盟店按原价赔偿其大衣,可加盟店却称赔偿可以,但不能按原价赔偿,只能按洗衣收费的10倍赔偿,考虑实际情况最多可以赔偿200元。双方经多次协商,均未达成一致的赔偿意见,于是丁某就向该加盟店的特许人某洗衣设备公司提出由其承担连带赔偿责任,赔偿其余800元的要求。某洗衣设备公司在得知丁某的赔偿要求后,经咨询律师后答复说:"我们与加盟店之间无投资隶属关系,不承担连带赔偿责任。"此后,丁某没有提起诉讼。

请问:

丁某要求某洗衣设备公司承担连带赔偿责任是否合理?为什么?

课题三 政府采购法

一、政府采购法概述

1. 政府采购的概念

政府采购是指各级国家机关、事业单位和团体组织,使用财政性资金,采购依法制定的集中采购目录以内的或者采购限额标准以上的货物、工程和服务的行为。政府采购不仅是指具体的采购过程,而且是采购政策、采购程序、采购过程及采购管理的总称,是一种对公共采购管理的制度,是一种政府行为,如图5-2所示。

政府采购的主体是政府,是一个国家内最大的单一消费者,具有强大的购买力。政府采购规模的大小、采购结构的变化对社会经济的发展状况、产业结构以及公众的生活都有着十分重要的影响。

2.政府采购法

《中华人民共和国政府采购法》于2002年6月29日通过,自2003年1月1日施行。政府采购法的实施对提高政府采购资金使用效益,维护国家利益和社会公共利益,保护政府采购当事人的合法权益,促进廉政建设等方面起到了重要作用。

图5-2 政府采购

(1)政府采购有利于节省财政支出。在实施政府采购法之前,我国财政管理存在着财政资金短缺、使用效率低下和运作不透明的问题。这与当时分散的采购制度有着必然的联系。而在实施政府采购法的当年,政府财政就解决近196.69亿元资金,同时采购规模比上年同期增长了64.4%。

(2)政府采购有利于消除腐败。消除腐败一直是我国政治生活的难题,施行政府采购制度有利于从源头上堵塞漏洞,为防腐倡廉做好防线。

(3)政府采购是政府宏观调控的重要手段。在我国,每年大约有25%的商品或服务是由政府购买的。因此政府的采购行为会对市场的供需关系产生重要的影响。当经济过热时,通过减少政府采购来降低过热的需求;当经济萧条时,通过政府采购来拉动市场需求。

二、政府采购当事人

《中华人民共和国政府采购法》中所规定的政府采购当事人是指在政府采购活动中享有权利和承担义务的各类主体,包括采购人、供应商和采购代理机构等。

1.采购人

采购人即是政府采购活动中的需求方。我国政府采购人主要有政府部门以及由整整拨款的事业单位和社会团体。

2.采购代理机构

采购代理机构是国家设立或认可的独立法人,主要从事政府采购代理业务。主要有集中采购机构和民间采购代理机构两种。集中采购机构是非营利事业法人,其在进行政府采购活动时,应符合采购价格低于市场平均价格、采购效率更高、采购质量优良和服务良好的要求。民间采购代理机构则主要是接受企业或民间团体的委托,以盈利为目的提供采购业务的机构。

3.供应商

供应商是政府采购活动中对采购方需求产品的提供者。供应商参加政府采购活动应当具备下列条件:

(1)具有独立承担民事责任的能力;

(2)具有良好的商业信誉和健全的财务会计制度;

(3)具有履行合同所必需的设备和专业技术能力;

(4)有依法缴纳税收和社会保障资金的良好记录;

(5)参加政府采购活动前3年内,在经营活动中没有重大违法记录;

(6)法律、行政法规规定的其他条件。

三、政府采购方式

1. 公开招标

公开招标属于竞争性的采购方式,是政府采购的主要形式。采购人采购货物或者服务应当采用公开招标方式的,其具体数额标准,属于中央预算的政府采购项目,由国务院规定;属于地方预算的政府采购项目,由省、自治区、直辖市人民政府规定;因特殊情况需要采用公开招标以外的采购方式的,应当在采购活动开始前获得设区的市、自治州以上人民政府采购监督管理部门的批准。

2. 邀请招标

邀请招标属于有限竞争性的采购方式。是指招标人以投标邀请书的形式向特定的法人或其他组织发出投标邀请。被邀请的对象才能参加招标。只有符合以下情形的,方可采用邀请招标形式:

(1)具有特殊性,只能从有限范围的供应商处采购的。

(2)采用公开招标方式的费用占政府采购项目总价值的比例过大的。

3. 竞争性谈判

竞争性谈判采购是指采购人通过与多家供应商就采购事宜进行一对一的谈判,最后从中确定供应商的一种采购形式。符合下列情形之一的货物或服务,可以使用竞争性谈判采购:

(1)招标后没有供应商投标或者没有合格标的或者重新招标未能成立的;

(2)技术复杂或者性质特殊,不能确定详细规格或者具体要求的;

(3)采用招标所需时间不能满足用户紧急需要的;

(4)不能事先计算出价格总额的。

小知识:

根据政府采购活动公开、公平、公正、诚实信用的原则,在竞争性谈判中供应商的报价应是确定的、唯一的。

4. 单一来源采购

单一来源采购是指所购产品的来源渠道单一或属于专利、首次制造、合同追加、后续扩充等特殊情况的采购。符合以下情形的,可以使用单一来源采购:

(1)只能从唯一供应商处采购的;

(2)发生了不可预见的紧急情况不能从其他供应商处采购的;

(3)必须保证原有采购项目一致性或者服务配套的要求,需要继续从原供应商处添购,且添购资金总额不超过原合同采购金额10%的。

5. 询价采购

询价采购是指采购人向有关产品供应商发出询价通知书,让其报价,然后在报价基础上比较选择的采购过程。采购的货物规格、标准统一、现货货源充足且价格变化幅度小的政府采购项目,可以采用询价方式采购。

6. 其他采购方式

国务院政府采购监督管理部门认定的其他采购方式。

四、政府采购程序

1. 编制采购预算和计划

预算编制部门在编制下一财政年度部门预算时,应当将该财政年度政府采购的项目及资金预算列出,报本级财政部门汇总并进行审批。

2. 进行招投标

货物或者服务项目采取邀请招标方式采购的,采购人应当从符合相应资格条件的供应商中,通过随机方式选择3家以上的供应商,并向其发出投标邀请书。

货物和服务项目实行招标方式采购的,自招标文件开始发出之日起至投标人提交投标文件截止之日止,不得少于20日。

小知识:

在招标采购中,出现下列情形之一的,应予废标:

(1)符合专业条件的供应商或者对招标文件作实质响应的供应商不足3家的;

(2)出现影响采购公正的违法、违规行为的;

(3)投标人的报价均超过了采购预算,采购人不能支付的;

(4)因重大变故,采购任务取消的。

采用竞争性谈判方式采购的,应当遵循以下程序:

(1)成立谈判小组。谈判小组由采购人的代表和有关专家共3人以上的单数组成,其中专家的人数不得少于成员总数的2/3。

(2)制定谈判文件。谈判文件应当明确谈判程序、谈判内容、合同草案的条款以及评定成交的标准等事项。

(3)确定邀请参加谈判的供应商名单。谈判小组从符合相应资格条件的供应商名单中确定不少于3家的供应商参加谈判,并向其提供谈判文件。

(4)谈判。谈判小组所有成员集中与单一供应商分别进行谈判。在谈判中,谈判的任何一方不得透露与谈判有关的其他供应商的技术资料、价格和其他信息。谈判文件有实质性变动的,谈判小组应当以书面形式通知所有参加谈判的供应商。

(5)确定成交供应商。谈判结束后,谈判小组应当要求所有参加谈判的供应商在规定时间内进行最后报价,采购人从谈判小组提出的成交候选人中根据符合采购需求、质量和服务相等且报价最低的原则确定成交供应商,并将结果通知所有参加谈判的未成交的供应商。

采取单一来源方式采购的,采购人与供应商应当遵循《中华人民共和国政府采购法》规定的原则,在保证采购项目质量和双方商定合理价格的基础上进行采购。

采取询价方式采购的,应当遵循以下程序:

(1)成立询价小组。询价小组由采购人的代表和有关专家共3人以上的单数组成,其中专家的人数不得少于成员总数的2/3。询价小组应当对采购项目的价格构成和评定成交的标准等事项作出规定。

(2)确定被询价的供应商名单。询价小组根据采购需求,从符合相应资格条件的供应商名单中确定不少于3家的供应商,并向其发出询价通知书让其报价。

(3)询价。询价小组要求被询价的供应商一次报出不得更改的价格。

(4)确定成交供应商。采购人根据符合采购需求、质量和服务相等且报价最低的原则确定成交供应商,并将结果通知所有被询价的未成交的供应商。

3.签订和履行采购合同

不管最终采用何种政府采购方式,确定中标供应商后都需与其签订采购合同。供应商在签订采购合同时一般须按规定缴纳一定数额的履约保证金,以保证中标供应商能按合同约定履行相关义务。

4.采购验收、支付资金

采购产品准备好后,采购人或采购代理机构需要组织相关人员进行采购验收。大型或者复杂的政府采购项目,应当邀请国家认可的质量检测机构参加验收工作。验收方成员应当在验收书上签字,并承担相应的法律责任。验收后的资金支付按照政府采购资金管理办法进行管理。

5.采购文件保存

采购人、采购代理机构对政府采购项目每项采购活动的采购文件应当妥善保存,不得伪造、变造、隐匿或者销毁。采购文件的保存期限为从采购结束之日起至少保存15年。

五、政府采购合同

政府采购合同是采购人与中标供应商签订的合同,它与其他合同最大的区别在于政府采购合同的拟定不仅要符合《合同法》的规定,而且要符合《中华人民共和国政府采购法》的规定。在《中华人民共和国政府采购法》中对政府采购合同作出的相关规定如下:

(1)政府采购合同适用合同法。采购人和供应商之间的权利和义务,应当按照平等、自愿的原则以合同方式约定。采购人可以委托采购代理机构代表其与供应商签订政府采购合同。由采购代理机构以采购人名义签订合同的,应当提交采购人的授权委托书,作为合同附件。

(2)政府采购合同应当采用书面形式。

(3)国务院政府采购监督管理部门应当会同国务院有关部门,规定政府采购合同必须具备的条款。

(4)采购人与中标、成交供应商应当在中标、成交通知书发出之日起30日内,按照采购文件确定的事项签订政府采购合同。中标、成交通知书对采购人和中标、成交供应商均具有法律效力。中标、成交通知书发出后,采购人改变中标、成交结果的,或者中标、成交供应商放弃中标、成交项目的,应当依法承担法律责任。

(5)政府采购项目的采购合同自签订之日起7个工作日内,采购人应当将合同副本报同级政府采购监督管理部门和有关部门备案。

(6)经采购人同意,中标、成交供应商可以依法采取分包方式履行合同。政府采购合同分包履行的,中标、成交供应商就采购项目和分包项目向采购人负责,分包供应商就分包项目承担责任。

(7)政府采购合同履行中,采购人需追加与合同标的相同的货物、工程或者服务的,在不改变合同其他条款的前提下,可以与供应商协商签订补充合同,但所有补充合同的采购金额不得超过原合同采购金额的10%。

（8）政府采购合同的双方当事人不得擅自变更、中止或者终止合同。政府采购合同继续履行将损害国家利益和社会公共利益的，双方当事人应当变更、中止或者终止合同。有过错的一方应当承担赔偿责任，双方都有过错的，各自承担相应的责任。

六、供应商权利

《中华人民共和国政府采购法》中明确规定了供应商的权利，具体如下。

（1）若供应商对政府采购活动事项有疑问的，可以向采购人提出询问，采购人应当及时作出答复，但答复的内容不得涉及商业秘密。

（2）供应商认为采购文件、采购过程和中标、成交结果使自己的权益受到损害的，可以在知道或者应知其权益受到损害之日起7个工作日内，以书面形式向采购人提出质疑。采购人应当在收到供应商的书面质疑后7个工作日内作出答复，并以书面形式通知质疑供应商和其他有关供应商，但答复的内容不得涉及商业秘密。

（3）采购人委托采购代理机构采购的，供应商可以向采购代理机构提出询问或者质疑，采购代理机构应当依照以上相关规定就采购人委托授权范围内的事项作出答复。

（4）质疑供应商对采购人、采购代理机构的答复不满意或者采购人、采购代理机构未在规定的时间内作出答复的，可以在答复期满后15个工作日内向同级政府采购监督管理部门投诉。政府采购监督管理部门应当在收到投诉后30个工作日内，对投诉事项作出处理决定，并以书面形式通知投诉人和与投诉事项有关的当事人。政府采购监督管理部门在处理投诉事项期间，可以视具体情况书面通知采购人暂停采购活动，但暂停时间最长不得超过30日。

（5）投诉人对政府采购监督管理部门的投诉处理决定不服或者政府采购监督管理部门逾期未作处理的，可以依法申请行政复议或者向人民法院提起行政诉讼。

七、违反政府采购的法律责任

采购人、采购代理机构有下列情形之一的，责令限期改正，给予警告，可以并处罚款，对直接负责的主管人员和其他直接责任人员，由其行政主管部门或者有关机关给予处分，并予通报：

（1）应当采用公开招标方式而擅自采用其他方式采购的；

（2）擅自提高采购标准的；

（3）委托不具备政府采购业务代理资格的机构办理采购事务的；

（4）以不合理的条件对供应商实行差别待遇或者歧视待遇的；

（5）在招标采购过程中与投标人进行协商谈判的；

（6）中标、成交通知书发出后不与中标、成交供应商签订采购合同的；

（7）拒绝有关部门依法实施监督检查的。

采购人、采购代理机构及其工作人员有下列情形之一，构成犯罪的，依法追究刑事责任；尚不构成犯罪的，处以罚款，有违法所得的，并处没收违法所得，属于国家机关工作人员的，依法给予行政处分：

（1）与供应商或者采购代理机构恶意串通的；
（2）在采购过程中接受贿赂或者获取其他不正当利益的；
（3）在有关部门依法实施的监督检查中提供虚假情况的；
（4）开标前泄露标底的。

存在前述两种违法行为之一影响中标、成交结果或者可能影响中标、成交结果的，按下列情况分别处理：

（1）未确定中标、成交供应商的，终止采购活动；
（2）中标、成交供应商已经确定但采购合同尚未履行的，撤销合同，从合格的中标、成交候选人中另行确定中标、成交供应商；
（3）采购合同已经履行的，给采购人、供应商造成损失的，由责任人承担赔偿责任。

采购人对应当实行集中采购的政府采购项目，不委托集中采购机构实行集中采购的，由政府采购监督管理部门责令改正；拒不改正的，停止按预算向其支付资金，由其上级行政主管部门或者有关机关依法给予其直接负责的主管人员和其他直接责任人员处分。

采购人未依法公布政府采购项目的采购标准和采购结果的，责令改正，对直接负责的主管人员依法给予处分。

采购人、采购代理机构违反本法规定隐匿、销毁应当保存的采购文件或者伪造、变造采购文件的，由政府采购监督管理部门处以2万元以上10万元以下的罚款，对其直接负责的主管人员和其他直接责任人员依法给予处分；构成犯罪的，依法追究刑事责任。

供应商有下列情形之一的，处以采购金额5‰以上10‰以下的罚款，列入不良行为记录名单，在1~3年内禁止参加政府采购活动，有违法所得的，并处没收违法所得，情节严重的，由工商行政管理机关吊销营业执照；构成犯罪的，依法追究刑事责任：

（1）提供虚假材料谋取中标、成交的；
（2）采取不正当手段诋毁、排挤其他供应商的；
（3）与采购人、其他供应商或者采购代理机构恶意串通的；
（4）向采购人、采购代理机构行贿或者提供其他不正当利益的；
（5）在招标采购过程中与采购人进行协商谈判的；
（6）拒绝有关部门监督检查或者提供虚假情况的。

供应商有上述（1）~（5）情形之一的，中标、成交无效。

采购代理机构在代理政府采购业务中有违法行为的，按照有关法律规定处以罚款，可以依法取消其进行相关业务的资格，构成犯罪的，依法追究刑事责任。

政府采购当事人若因违反采购法律规定而对他人造成损失的，依照有关民事法律规定承担民事责任。

政府采购监督管理部门的工作人员在实施监督检查中违反本法规定滥用职权，玩忽职守，徇私舞弊的，依法给予行政处分；构成犯罪的，依法追究刑事责任。

政府采购监督管理部门对供应商的投诉逾期未作处理的，给予直接负责的主管人员和其他直接责任人员行政处分。

政府采购监督管理部门对集中采购机构业绩的考核，有虚假陈述，隐瞒真实情况的，或者不作定期考核和公布考核结果的，应当及时纠正，由其上级机关或者监察机关对其负责人进行通报,并对直接负责的人员依法给予行政处分。集中采购机构在政府采购监督管理部门考核中,虚报业绩,隐瞒真实情况的,处以2万元以上20万元以下的罚款,并予以通报;情节严重的,取消其代理采购的资格。

任何单位或者个人阻挠和限制供应商进入本地区或者本行业政府采购市场的,责令限期改正;拒不改正的,由该单位、个人的上级行政主管部门或者有关机关给予单位责任人或者个人处分。

案例分析

1.某省举办大型扶贫物资采购,总金额500万元。因为时间紧急,若采用公开招标的方式无法满足采购需求,因此采购中心接到任务后,考虑到该批货物规格、标准统一,且现货货源充足,经采购中心领导研究,决定采用询价采购的方式,并迅速成立了项目小组。经过采购中心经办同志的努力,他们在核实了项目需求后,以最快的速度发出了询价单,询价单中明确规定最低价成交。5天后,采购大会如约举行,除了有关部门领导到场外,纪检、监察以及采购办均派人参加了大会,并进行全程监督。在采购过程中,根据会场领导要求,采购中心组织的专家组先与每位供应商进行了谈判,同时还要求他们对自己在询价单上的报价做出了相应的调整。报价结束后,根据各供应商二次报价的情况及各单位的资质情况,专家组进行了综合评分,并根据得分的高低向领导小组推举本次采购各个分包的项目中标候选人,圆满完成了采购任务。

请问:

该采购中心的采购做法是否规范、合法?为什么?

2.某竞争性谈判采购,共有3家供应商参加。谈判过程中,谈判采购小组经过仔细研究发现,原先采购文件中提出的技术要求有较大的偏差,为此经与采购人代表现场商议,谈判采购小组当场将技术要求做了相应的调整。随后,谈判小组经过比较,觉得3个参加谈判的供应商中,A和B的第一次报价较合理,C的价格偏高,因此认定C的成交希望不大,决定将其排除。于是,谈判小组口头通知了A、B两家供应商关于技术要求的相应调整,并请他们重新报价,最终根据在满足配置、服务的前提下价格最低的原则,确定B供应商成交,并当场宣布了采购结果。

请问:

该采购中心的采购做法有无不妥?若C认为自己的合法权益受到损害,应采取怎样的做法?

课题四　招标投标法

一、招标投标法概述

《中华人民共和国招标投标法》于1999年8月30日通过,自2000年1月1日起施行。《中华人民共和国招标投标法》的出台对于规范招标投标活动,保护国家利益、社会公共利益和招标投标活动当事人的合法权益,提高经济效益,保证项目质量产生的重大的作用。根据《中华人民共和国招标投标法》,国务院2011年11月30日的第183次会议中通过了

《中华人民共和国招标投标法实施条例》,并于2012年2月1日起施行。

二、招标

《中华人民共和国招标投标法》规定:按照国家有关规定需要履行项目审批、核准手续的依法必须进行招标的项目,其招标范围、招标方式、招标组织形式应当报项目审批、核准部门审批、核准。项目审批、核准部门应当及时将审批、核准确定的招标范围、招标方式、招标组织形式通报有关行政监督部门。

1. 邀请招标的情形

国有资金占控股或者主导地位的依法必须进行招标的项目,应当公开招标;但有下列情形之一的,可以邀请招标:

(1)技术复杂、有特殊要求或者受自然环境限制,只有少量潜在投标人可供选择;

(2)采用公开招标方式的费用占项目合同金额的比例过大。

2. 不需要采用招标的情形

有下列情形之一的,可以不进行招标:

(1)需要采用不可替代的专利或者专有技术;

(2)采购人依法能够自行建设、生产或者提供;

(3)已通过招标方式选定的特许经营项目投资人依法能够自行建设、生产或者提供;

(4)需要向原中标人采购工程、货物或者服务,否则将影响施工或者功能配套要求;

(5)国家规定的其他特殊情形。

3. 招标代理机构

招标代理机构的资格依照法律和国务院的规定由有关部门认定。招标代理机构应当拥有一定数量的取得招标职业资格的专业人员。取得招标职业资格的具体办法由国务院人力资源社会保障部门会同国务院发展改革部门制定。招标代理机构在其资格许可和招标人委托的范围内开展招标代理业务,任何单位和个人不得非法干涉。招标代理机构代理招标业务,应当遵守招标投标法和本条例关于招标人的规定。招标代理机构不得在所代理的招标项目中投标或者代理投标,也不得为所代理的招标项目的投标人提供咨询。招标代理机构不得涂改、出租、出借、转让资格证书。

4. 招标保证金及标底

招标人在招标文件中要求投标人提交投标保证金的,投标保证金不得超过招标项目估算价的2%。投标保证金有效期应当与投标有效期一致。招标人不得挪用投标保证金。

招标人可以自行决定是否编制标底。一个招标项目只能有一个标底。标底必须保密。接受委托编制标底的中介机构不得参加受托编制标底项目的投标,也不得为该项目的投标人编制投标文件或者提供咨询。招标人设有最高投标限价的,应当在招标文件中明确最高投标限价或者最高投标限价的计算方法。招标人不得规定最低投标限价。

5. 招标的终止

招标人终止招标的,应当及时发布公告,或者以书面形式通知被邀请的或者已经获取资格预审文件、招标文件的潜在投标人。已经发售资格预审文件、招标文件或者已经收取投标保证金的,招标人应当及时退还所收取的资格预审文件、招标文件的费用,以及所收取的投标保证金及银行同期存款利息。

三、投标

《中华人民共和国招投标法》中对投标作出了如下规定和解释：

(1)投标人是相应招标、参加投标竞争的法人或其他组织。

(2)投标人应当具备承担招标项目的能力；国家有关规定对投标人资格条件或者招标文件对投标人资格条件有规定的，投标人应当具备规定的资格条件。

(3)投标人应当按照招标文件的要求编制投标文件。投标文件应当对招标文件提出的实质性要求和条件作出响应。

(4)投标人应当在招标文件要求提交投标文件的截止时间前，将投标文件送达投标地点。招标人收到投标文件后，应当签收保存，不得开启。投标人少于3个的，招标人应当依照本法重新招标。在招标文件要求提交投标文件的截止时间后送达的投标文件，招标人应当拒收。

(5)投标人在招标文件要求提交投标文件的截止时间前，可以补充、修改或者撤回已提交的投标文件，并书面通知招标人。补充、修改的内容为投标文件的组成部分。

(6)投标人根据招标文件载明的项目实际情况，拟在中标后将中标项目的部分非主体、非关键性工作进行分包的，应当在投标文件中载明。

(7)两个以上法人或者其他组织可以组成一个联合体，以一个投标人的身份共同投标。联合体各方均应当具备承担招标项目的相应能力；国家有关规定或者招标文件对投标人资格条件有规定的，联合体各方均应当具备规定的相应资格条件。由同一专业的单位组成的联合体，按照资质等级较低的单位确定资质等级。联合体各方应当签订共同投标协议，明确约定各方拟承担的工作和责任，并将共同投标协议连同投标文件一并提交招标人。联合体中标的，联合体各方应当共同与招标人签订合同，就中标项目向招标人承担连带责任。招标人不得强制投标人组成联合体共同投标，不得限制投标人之间的竞争。

(8)投标人不得相互串通投标报价，不得排挤其他投标人的公平竞争，损害招标人或者其他投标人的合法权益。投标人不得与招标人串通投标，损害国家利益、社会公共利益或者他人的合法权益。禁止投标人以向招标人或者评标委员会成员行贿的手段谋取中标。

(9)投标人不得以低于成本的报价竞标，也不得以他人名义投标或者以其他方式弄虚作假，骗取中标。

四、开标、评标和中标相关规定

1. 开标

(1)开标应当在招标文件确定的提交投标文件截止时间的同一时间公开进行，开标地点应当为招标文件中预先确定的地点。

(2)开标由招标人主持，邀请所有投标人参加。

(3)开标时，由投标人或者其推选的代表检查投标文件的密封情况，也可以由招标人委托的公证机构检查并公证。经确认无误后，由工作人员当众拆封，宣读投标人名称、投标价格和投标文件的其他主要内容。

（4）招标人在招标文件要求提交投标文件的截止时间前收到的所有投标文件，开标时都应当当众予以拆封、宣读。

（5）开标过程应当记录，并存档备查。

2. 评标

（1）评标由招标人依法组建的评标委员会负责。依法必须进行招标的项目，其评标委员会由招标人的代表和有关技术、经济等方面的专家组成，成员人数为 5 人以上单数，其中技术、经济等方面的专家不得少于成员总数的 2/3。前款专家应当从事相关领域工作满 8 年并具有高级职称或者具有同等专业水平，由招标人从国务院有关部门或者省、自治区、直辖市人民政府有关部门提供的专家名册或者招标代理机构的专家库内的相关专业的专家名单中确定。一般招标项目可以采取随机抽取方式，特殊招标项目可以由招标人直接确定。与投标人有利害关系的人不得进入相关项目的评标委员会，已经进入的应当更换。评标委员会成员的名单在中标结果确定前应当保密。

（2）招标人应当采取必要的措施，保证评标在严格保密的情况下进行。任何单位和个人不得非法干预、影响评标的过程和结果。

（3）评标委员会可以要求投标人对投标文件中含义不明确的内容作必要的澄清或者说明，但是澄清或者说明不得超出投标文件的范围或者改变投标文件的实质性内容。

（4）评标委员会应当按照招标文件确定的评标标准和方法，对投标文件进行评审和比较；设有标底的，应当参考标底。评标委员会完成评标后，应当向招标人提出书面评标报告，并推荐合格的中标候选人。招标人根据评标委员会提出的书面评标报告和推荐的中标候选人确定中标人。招标人也可以授权评标委员会直接确定中标人。

（5）国务院对特定招标项目的评标有特别规定的，从其规定。

3. 中标

（1）中标人的投标应当符合以下两种情形之一：第一，能够最大限度地满足招标文件中规定的各项综合评价标准；第二，能够满足招标文件的实质性要求，并且经评审的投标价格最低；但是投标价格低于成本的除外。

（2）评标委员会经评审，认为所有投标都不符合招标文件要求的，可以否决所有投标。依法必须进行招标的项目的所有投标被否决的，招标人应当依照本法重新招标。

（3）在确定中标人前，招标人不得与投标人就投标价格、投标方案等实质性内容进行谈判。

（4）评标委员会成员应当客观、公正地履行职务，遵守职业道德，对所提出的评审意见承担个人责任。评标委员会成员不得私下接触投标人，不得收受投标人的财物或者其他好处。评标委员会成员和参与评标的有关工作人员不得透露对投标文件的评审和比较、中标候选人的推荐情况以及与评标有关的其他情况。

（5）中标人确定后，招标人应当向中标人发出中标通知书，并同时将中标结果通知所有未中标的投标人。中标通知书对招标人和中标人具有法律效力。中标通知书发出后，招标人改变中标结果的，或者中标人放弃中标项目的，应当依法承担法律责任。

（6）招标人和中标人应当自中标通知书发出之日起 30 日内，按照招标文件和中标人的投标文件订立书面合同。招标人和中标人不得再行订立背离合同实质性内容的其他协议。招标文件要求中标人提交履约保证金的,中标人应当提交。

(7)依法必须进行招标的项目,招标人应当自确定中标人之日起 15 日内,向有关行政监督部门提交招标投标情况的书面报告。

(8)中标人应当按照合同约定履行义务,完成中标项目。中标人不得向他人转让中标项目,也不得将中标项目肢解后分别向他人转让。中标人按照合同约定或者经招标人同意,可以将中标项目的部分非主体、非关键性工作分包给他人完成。接受分包的人应当具备相应的资格条件,并不得再次分包。中标人应当就分包项目向招标人负责,接受分包的人就分包项目承担连带责任。

五、违反招标投标的法律责任

《中华人民共和国招投标法》中对于违反招标投标的相关法律责任(图 5-3)如下:

图 5-3 招投标

(1)必须进行招标的项目而不招标的,将必须进行招标的项目化整为零或者以其他任何方式规避招标的,责令限期改正,可以处项目合同金额 5‰ 以上 10‰ 以下的罚款。对全部或者部分使用国有资金的项目,可以暂停项目执行或者暂停资金拨付;对单位直接负责的主管人员和其他直接责任人员依法给予处分。

(2)招标代理机构泄露应当保密的与招标投标活动有关的情况和资料的,或者与招标人、投标人串通损害国家利益、社会公共利益或者他人合法权益的,处 5 万元以上 25 万元以下的罚款,对单位直接负责的主管人员和其他直接责任人员处单位罚款数额 5% 以上 10% 以下的罚款。有违法所得的,并处没收违法所得。情节严重的,暂停直至取消招标代理资格。构成犯罪的,依法追究刑事责任。给他人造成损失的,依法承担赔偿责任。以上所列行为影响中标结果的,中标无效。

(3)招标人以不合理的条件限制或者排斥潜在投标人的,对潜在投标人实行歧视待遇的,强制要求投标人组成联合体共同投标的,或者限制投标人之间竞争的,责令改正,可以处 1 万元以上 5 万元以下的罚款。

(4)依法必须进行招标的项目的招标人向他人透露已获取招标文件的潜在投标人的名称、数量或者可能影响公平竞争的有关招标投标的其他情况的,或者泄露标底的,给予警告,可以并处 1 万元以上 10 万元以下的罚款;对单位直接负责的主管人员和其他直接责任人员依法给予处分;构成犯罪的,依法追究刑事责任。以上所列行为影响中标结果的,中标无效。

(5)投标人相互串通投标或者与招标人串通投标的,投标人以向招标人或者评标委员会成员行贿的手段谋取中标的,中标无效,处中标项目金额 5‰ 以上 10‰ 以下的罚款,对单位直接负责的主管人员和其他直接责任人员处单位罚款数额 5% 以上 10% 以下的罚款;有违法所得的,并处没收违法所得;情节严重的,取消其1~2年内参加依法必须进行招标的项目的投标资格并予以公告,直至由工商行政管理机关吊销营业执照;构成犯罪的,依法追究刑事责任。给他人造成损失的,依法承担赔偿责任。

(6)投标人以他人名义投标或者以其他方式弄虚作假,骗取中标的,中标无效,给招标人造成损失的,依法承担赔偿责任;构成犯罪的,依法追究刑事责任。依法必须进行招标的项目的投标人有前款所列行为尚未构成犯罪的,处中标项目金额5‰以上10‰以下的罚款,对单位直接负责的主管人员和其他直接责任人员处单位罚款数额5%以上10%以下的罚款;有违法所得的,并处没收违法所得;情节严重的,取消其1~3年内参加依法必须进行招标的项目的投标资格并予以公告,直至由工商行政管理机关吊销营业执照。

(7)依法必须进行招标的项目,招标人违反本法规定,与投标人就投标价格、投标方案等实质性内容进行谈判的,给予警告,对单位直接负责的主管人员和其他直接责任人员依法给予处分。以上所列行为影响中标结果的,中标无效。

(8)评标委员会成员收受投标人的财物或者其他好处的,评标委员会成员或者参加评标的有关工作人员向他人透露对投标文件的评审和比较、中标候选人的推荐以及与评标有关的其他情况的,给予警告,没收收受的财物,可以并处3000元以上5万元以下的罚款,对有所列违法行为的评标委员会成员取消担任评标委员会成员的资格,不得再参加任何依法必须进行招标的项目的评标;构成犯罪的,依法追究刑事责任。

(9)招标人在评标委员会依法推荐的中标候选人以外确定中标人的,依法必须进行招标的项目在所有投标被评标委员会否决后自行确定中标人的,中标无效。责令改正,可以处中标项目金额5‰以上10‰以下的罚款;对单位直接负责的主管人员和其他直接责任人员依法给予处分。

(10)中标人将中标项目转让给他人的,将中标项目肢解后分别转让给他人的,违反本法规定将中标项目的部分主体、关键性工作分包给他人的,或者分包人再次分包的,转让、分包无效,处转让、分包项目金额5‰以上10‰以下的罚款;有违法所得的,并处没收违法所得;可以责令停业整顿;情节严重的,由工商行政管理机关吊销营业执照。

(11)招标人与中标人不按照招标文件和中标人的投标文件订立合同的,或者招标人、中标人订立背离合同实质性内容的协议的,责令改正;可以处中标项目金额5‰以上10‰以下的罚款。

(12)中标人不履行与招标人订立的合同的,履约保证金不予退还,给招标人造成的损失超过履约保证金数额的,还应当对超过部分予以赔偿;没有提交履约保证金的,应当对招标人的损失承担赔偿责任。中标人不按照与招标人订立的合同履行义务,情节严重的,取消其2~5年内参加依法必须进行招标的项目的投标资格并予以公告,直至由工商行政管理机关吊销营业执照。因不可抗力不能履行合同的,不适用前两款规定。

(13)任何单位违反本法规定,限制或者排斥本地区、本系统以外的法人或者其他组织参加投标的,为招标人指定招标代理机构的,强制招标人委托招标代理机构办理招标事宜的,或者以其他方式干涉招标投标活动的,责令改正;对单位直接负责的主管人员和其他直接责任人员依法给予警告、记过、记大过的处分,情节较重的,依法给予降级、撤职、开除的处分。个人利用职权进行前款违法行为的,依照前款规定追究责任。

(14)对招标投标活动依法负有行政监督职责的国家机关工作人员徇私舞弊、滥用职权或者玩忽职守,构成犯罪的,依法追究刑事责任;不构成犯罪的,依法给予行政处分。

(15)依法必须进行招标的项目违反本法规定,中标无效的,应当依照本法规定的中标条件从其余投标人中重新确定中标人或者依照本法重新进行招标。

案例分析

某市政工程公开招标项目预算100万元,评标方法为专家评审的最低投标价法,开标当天共有3家供应商前来投标。供应商标价依次为98万元、95万元、89万元。因工程在即,采购人对报价较满意的同时又担心可能废标。

进入评审环节后,招标采购项目负责人要求专家严格按评审程序进行,尤其要注意审查供应商是否对招标文件中规定的实质性内容做出响应。采购人担心的事还是发生了,评审专家在对报价89万元的供应商投标文件进行审查时发现了问题,招标文件规定"甲供材——木门80樘,单价800元,投标人不得下浮",而该供应商却"大胆地"降为300元,仅此一项投标总价就少了4万元。

鉴于这种情况,有人提出应做无效投标处理,有人认为可以忽略,有人认为可让该供应商重新承诺。采购人认为废标后再招标时间来不及,主张让供应商通过重新承诺弥补错误,如该供应商同意承诺按招标文件执行且投标总价不变,可确定其为中标供应商。供应商承认自己有错并表示愿意重新承诺,承诺内容为"我公司承诺一旦中标,将完全遵照招标文件规定的全部内容签署合同并履行,特别的对甲供材部分完全按招标文件执行,投标总价89万元不变"。

请问:

开价超低,可事后承诺遵守吗?为什么?

项目六　汽车营销结算法规

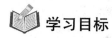
学习目标

完成本项目学习后,你应能:
1. 知道现金管理的条例和法律责任;
2. 知道现金结算的概念和特点;
3. 陈述常见的非票据结算的几种形式和特点;
4. 能够正确区分瑕疵票据。

建议课时:4课时。

"现金"一直以来都被视为企业资金管理的中心理念。企业的现金流量管理水平往往是决定企业存亡的关键所在。正是现金管理的重要性,我国专门出台了《中华人民共和国现金管理暂行条例》来规范企业的现金行为。一般情况下,企业除了使用现金作为结算手段之外,还可以使用汇兑、托收承付、委托收款等形式来对日常经营活动进行结算。而在使用票据作为结算手段时,我们应对瑕疵票据有所了解并能正确地分析和辨别瑕疵票据。

课题一　现金结算法

一、现金管理条例

1. 概述

中国的现金管理始于1950年4月7日政务院公布的《关于实行国家机关现金管理的决定》。1977年11月28日国务院颁布《关于实行现金管理的决定》,这是中国现金管理制度的基础。在1988年9月8日中华人民共和国国务院令第12号发布了《现金管理暂行条例》(以下称《现金管理条例》),并在2011年1月8日根据《国务院关于废止和修改部分行政法规的决定》进行了修改。《现金管理条例》的出台,在改善现金管理,促进商品生产和流通,加强对社会经济活动的监督方面起到了重要作用。该条例规定:

(1)凡在银行和其他金融机构(以下简称开户银行)开立账户的机关、团体、部队、企业、事业单位和其他单位(以下简称开户单位),必须依照本条例的规定收支和使用现金,接受开户银行的监督。

(2)开户单位之间的经济往来,除按本条例规定的范围可以使用现金外,应当通过开户银行进行转账结算。

(3)各级人民银行应当严格履行金融主管机关的职责,负责对开户银行的现金管理进行监督和稽核。

(4)开户银行依照本条例和中国人民银行的规定,负责现金管理的具体实施,对开户单位收支、使用现金进行监督管理。

2. 现金管理和监督

在《现金管理条例》中,对现金的管理和监督均做出了相关规定。

开户单位可以在下列范围内使用现金:

(1)职工工资、津贴;

(2)个人劳务报酬;

(3)根据国家规定颁发给个人的科学技术、文化艺术、体育等各种奖金;

(4)各种劳保、福利费用以及国家规定的对个人的其他支出;

(5)向个人收购农副产品和其他物资的价款;

(6)出差人员必须随身携带的差旅费;

(7)结算起点以下的零星支出;

(8)中国人民银行确定需要支付现金的其他支出。

前款结算起点定为1000元。结算起点的调整,由中国人民银行确定,报国务院备案。

除以上情形以外,开户单位支付给个人的款项,超过使用现金限额的部分,应当以支票或者银行本票支付;确需全额支付现金的,经开户银行审核后,予以支付现金。

转账结算凭证在经济往来中,具有同现金相同的支付能力。开户单位在销售活动中,不得对现金结算给予比转账结算优惠待遇;不得拒收支票、银行汇票和银行本票。

机关、团体、部队、全民所有制和集体所有制企业事业单位购置国家规定的专项控制商品,必须采取转账结算方式,不得使用现金。

开户银行应当根据实际需要,核定开户单位3天至5天的日常零星开支所需的库存现金限额。边远地区和交通不便地区的开户单位的库存现金限额,可以多于5天,但不得超过15天的日常零星开支。

经核定的库存现金限额,开户单位必须严格遵守。需要增加或者减少库存现金限额的,应当向开户银行提出申请,由开户银行核定。

开户单位现金收支应当依照下列规定办理:

(1)开户单位现金收入应当于当日送存开户银行。当日送存确有困难的,由开户银行确定送存时间。

(2)开户单位支付现金,可以从本单位库存现金限额中支付或者从开户银行提取,不得从本单位的现金收入中直接支付(即坐支)。因特殊情况需要坐支现金的,应当事先报经开户银行审查批准,由开户银行核定坐支范围和限额。坐支单位应当定期向开户银行报送坐支金额和使用情况。

(3)从开户银行提取现金,应当写明用途,由本单位财会部门负责人签字盖章,经开户银行审核后,予以支付现金。

(4)因采购地点不固定,交通不便,生产或者市场急需,抢险救灾以及其他特殊情况必须使用现金的,开户单位应当向开户银行提出申请,由本单位财会部门负责人签字盖章,经开户银行审核后,予以支付现金。

(5)开户单位应当建立健全现金账目,逐笔记载现金支付。账目应当日清月结,账款相符。

(6)对个体工商户、农村承包经营户发放的贷款,应当以转账方式支付。对确需在集市使用现金购买物资的,经开户银行审核后,可以在贷款金额内支付现金。

(7)在开户银行开户的个体工商户、农村承包经营户异地采购所需货款,应当通过银行汇兑方式支付。因采购地点不固定,交通不便必须携带现金的,由开户银行根据实际需要,予以支付现金。未在开户银行开户的个体工商户、农村承包经营户异地采购所需货款,可以通过银行汇兑方式支付。凡加盖"现金"字样的结算凭证,汇入银行必须保证支付现金。

开户银行应完成以下职责:

(1)具备条件的银行应当接受开户单位的委托,开展代发工资、转存储蓄业务。

(2)为保证开户单位的现金收入及时送存银行,开户银行必须按照规定做好现金收款工作,不得随意缩短收款时间。大中城市和商业比较集中的地区,应当建立非营业时间收款制度。

(3)开户银行应当加强柜台审查,定期和不定期地对开户单位现金收支情况进行检查,并按规定向当地人民银行报告现金管理情况。

(4)一个单位在几家银行开户的,由一家开户银行负责现金管理工作,核定开户单位库存现金限额。各金融机构的现金管理分工,由中国人民银行确定。有关现金管理分工的争议,由当地人民银行协调、裁决。

(5)开户银行应当建立健全现金管理制度,配备专职人员,改进工作作风,改善服务设施。现金管理工作所需经费应当在开户银行业务费中解决。

3. 现金管理的法律责任

开户单位有下列情形之一的,开户银行应当依照中国人民银行的规定,责令其停止违法活动,并可根据情节轻重处以罚款:

(1)超出规定范围、限额使用现金的;

(2)超出核定的库存现金限额留存现金的。

开户单位有下列情形之一的,开户银行应当依照中国人民银行的规定,予以警告或者罚款;情节严重的,可在一定期限内停止对该单位的贷款或者停止对该单位的现金支付:

(1)对现金结算给予比转账结算优惠待遇的;

(2)拒收支票、银行汇票和银行本票的;

(3)违反本条例第八条规定,不采取转账结算方式购置国家规定的专项控制商品的;

(4)用不符合财务会计制度规定的凭证顶替库存现金的;

(5)用转账凭证套换现金的;

(6)编造用途套取现金的;

(7)互相借用现金的;

(8)利用账户替其他单位和个人套取现金的;

(9)将单位的现金收入按个人储蓄方式存入银行的;

(10)保留账外公款的。

银行工作人员违反《现金管理条例》相关规定,徇私舞弊、贪污受贿、玩忽职守纵容违法行为的,应当根据情节轻重,给予行政处分和经济处罚;构成犯罪的,由司法机关依法追究刑事责任。

二、现金结算

1. 现金结算的概念

现金结算是转账结算的对称。指在商品交易、劳务供应等经济往来中直接使用现金进行应收应付款结算的行为,是货币结算的形式之一。在我国主要适用于单位与个人的现金结算间的款项收付以及单位之间在转账结算起点金额以下的零星小额收付。

小知识:

现金结算主要有两种渠道:一种是付款人直接将现金支付给收款人,不通过银行等中介机构;另一种是付款人委托银行和非银行金融机构或非金融机构如邮局将现金支付给收款人。

2. 现金结算的特点

(1)直接和便利。在现金结算方式下,买卖双方一手交钱,一手交货,当面钱货两清,无须通过中介,因而对买卖双方来说是最为直接和便利的。同样,在劳务供应、信贷存放和资金调拨方面,现金结算也是最为直接和便利的,因而广泛地被社会大众所接受。

(2)不安全性。由于现金使用极为广泛和便利,因而便成为不法分子觊觎的最主要目标,很容易被偷盗、贪污、挪用。在现实经济生活中,极大多数的经济犯罪活动都和现金有关。此外,现金还容易因火灾、虫蛀、鼠咬等发生损失。

(3)不易宏观控制和管理。由于现金结算大部分不通过银行进行,因而使国家很难对其进行控制。过多的现金结算会使流通中的现钞过多,从而容易造成通货膨胀,增大对物价的压力。

(4)费用较高。使用现金结算各单位虽然可以减少银行的手续费用,但其清点、运送、保管的费用很大。对于整个国家来说,过多的现金结算会增大整个国家印制、保管、运送现金和回收废旧现钞等工作的费用和损失,浪费人力、物力和财力。

小知识:

在我国,实行现金管理及现金结算等相关规定,可以使中国人民银行成为国民经济的信贷中心、结算中心与现金出纳中心,充分发挥银行对国民经济各部门的监督作用。对于防止与打击非法分子进行贪污盗窃、投机倒把,保卫社会主义的经济建设都具有重要的意义。

课题二　票据结算法规

一、票据法概述

现代票据法主要发源于欧洲,其中本票和汇票最初是作为异地贸易中的汇兑工具在意大利和法国发展起来的;支票源于荷兰,17 世纪中叶传到英国。票据法归属于商法,《中华人民共和国票据法》1995年5月10日正式颁布,1996年1月1日起实施。

广义的票据法是指涉及票据关系调整的各种法律规范,既包括专门的票据法律法规,也包括其他法律法规中有关票据的规范。通常所说的票据法是指狭义的票据法,即专门的票据法规范,它是规定票据的种类、形式和内容,明确票据当事人之间的权利义务,调整因票据而发生的各种社会关系的法律规范。票据法是调整票据关系的法律规范的总称。

1. 票据法的含义

1) 票据法以票据关系为调整对象

票据关系是因为票据的签发、转让、承兑、保证等形成的以金钱利益为内容的财产关系。票据关系是财产关系,具有私法上财产关系的基本特点,理应受私法调整。然而,票据关系又具备私法上物权关系、一般债权关系所不能有的特点,难以用物权法、债权法加以规范。为有效保障票据的使用和流通,保护票据关系当事人合法利益,促进经济发展,国家制定票据法专门调整票据关系。

2) 票据法是调整票据关系的法律规范的总括性称谓

狭义的票据法,也称"形式票据法",指由国家立法机关按照一定体系编制颁行的名称票据法的法律。如《中华人民共和国票据法》以及《德国票据法》等。广义的票据法,又称"实质票据法",指一切有关票据的法律规范。广义的票据法不仅包括名为票据法的票据规范,还包括其他法律中对票据的规定。

2. 票据的作用

(1) 汇兑工具,是指票据用于异地之间输送金钱或款项的情形。

(2) 支付工具,是指商务交易中以票据支付代替现金支付的情形。

(3) 信用工具,是指商务交易中的交易与支付不同时进行,付款以票据为工具并在交易之后的一定日期再予进行的情形。

(4) 结算工具,是指以票据及其金额的计算结清商务交易的债权债务,仅对计算差额给以支付或转账的情形。

(5) 融资工具,是指票据在信用工具基础上用于资金融通或贴现的情形。

小知识:

汇票:是指由出票人签发的,委托付款人在见票时或者在指定日期无条件支付确定的金额给收款人或者持票人的票据。

本票:是指由出票人签发的,承诺自己在见票时无条件支付确定的金额给收款人或者持票人的票据。

支票:是指由出票人签发的,委托办理支票存款业务的银行或者其他金融机构在见票时无条件支付确定的金额给收款人或者持票人的票据。

二、票据法

为了规范票据行为,保障票据活动中当事人的合法权益,维护社会经济秩序,1995年5月10日第八届全国人民代表大会常务委员会第十三次会议中通过了《中华人民共和国票据法》(以下简称《票据法》),并于2004年8月28日第十届全国人民代表大会常务委员会第十一次会议中进行了修正。

《票据法》共7章,包含111条内容。主要对票据活动的基本原则,票据当事人的基本权利义务,票据行为的要素、要求、方式,汇票、本票、支票的特征和使用、流通,票据的法律责任以及涉外票据的法律适用等内容作出了规定。其核心是对汇票、本票、支票三种票据行为的规范。

1. 票据的法律关系

票据法律关系,包括票据本身所产生的法律关系和与票据有关的法律关系,即票据关系及非票据关系。非票据关系是一种虽不基于票据本身而发生,却与票据紧密联系的法律关系。

1)票据关系主体

票据关系主体,也称票据关系当事人。票据当事人,就是享有票据权利、承担票据义务的法律关系主体。包括基本当事人和非基本当事人两种。基本当事人是票据一经发行就存在的当事人,非基本当事人是票据发行后通过出发票之外的票据行为加入票据关系的当事人,见表6-1。

汇票、本票、支票的基本当事人　　　　　　　　　　表6-1

类　型	基　本　当　事　人
汇票	发票人、收款人、付款人
本票	发票人、收款人、付款人
支票	发票人、收款人

2)票据关系的客体

票据关系客体,是指票据关系主体享受权利、承担义务所共同指向的对象。具体就是指票据行为,即票据当事人依票据法所为的发生或变更票据权利义务关系的所有法律行为总和。

与其他法律行为相比,票据行为具有以下4个方面独特的法律特征:

(1)要式性。所有的票据行为必须通过书面实行表现于票据,同时这些票据行为必须依票据法规定的特殊要求和格式来进行。

(2)文义性。票据行为的内容完全取决于票据上所记载的文字。

(3)独立性。指当票据行为为多数时,各个行为分别依其在票据上所载文义分别独立发生效力,互不影响。

(4)连带性。票据上无论有几个票据行为,都是为了确保一定金额的付款为共同目的,因此各行为之间又存在连带性。

票据行为作为法律行为的一种,除应当具备一般民事法律行为的要件外,还必须具备票据法规定的特殊要件,主要包括:

(1)票据行为人应当具备民事权利能力和民事行为能力。

(2)票据行为人从事票据行为时意思表示要真实。

(3)票据行为必须符合法律规定的书面形式。

(4)票据行为生效以交付为标志。

3)票据关系的内容

票据关系由票据权利和票据义务构成,二者都由票据行为产生,是不可分割的统一整体。即对票据行为人来说是票据义务,则行为的相对人就享有相应权利。票据关系的内容包括票据的权利以及票据的抗辩。

票据权利是一种债权,是指持票人向票据债务人请求支付票据金额的权利。其法律特征主要有以下3个方面:

(1)票据权利是以取得票据金额为目的的。

(2)票据权利与票据本身不可分离,行使权利,必须持有票据。

(3)票据权利的行使对象是票据行为人。这种票据行为人包括为各种票据行为的人。

票据抗辩是指票据债务人根据票据法的规定,提出相应的事由,否定票据权利人提出的请求,拒绝履行票据义务的行为。该相应的事实或理由称为抗辩事由,该票据债务人享有的对票据债权人拒绝履行义务的权利称作抗辩权。

2. 汇票

1)汇票的概念

汇票是出票人签发的,委托付款人在见票时或者在指定日期无条件支付确定的金额给收款人或者持票人的票据。

2)汇票的种类

从不同的角度,可以讲汇票分为以下几种:

(1)以汇票的付款期不同,分为即期汇票和远期汇票。

(2)以是否记载收款人名号,可分为记名汇票和无记名汇票。

(3)以流通区域不同,可分为国内汇票和国外汇票。

(4)以出票人的不同,可分为商业汇票和银行汇票。

小知识:

《票据法》第19条第2款规定:"汇票分为银行汇票和商业汇票。"

银行汇票是指银行签发的汇票,一般由汇票人将款项交存当地银行,由银行签发给汇款人持往异地办理转账结算或支取现金。

商业汇票是指银行之外的企事业单位、机关、团体等签发的汇票,按承兑人的不同,商业汇票又分为商业承兑汇票和银行承兑汇票。

3)汇票的流通程序

(1)出票。出票包括写成汇票和交付汇票两个动作。写成汇票,即在汇票上写明有关内容,并签名。交付汇票是将汇票交付给收款人。

(2)提示。提示是指持票人将汇票提交付款人,要求付款和承兑的行为。

(3)承兑。承兑是指付款人对远期汇票表示承担到期付款责任的行为。

(4)付款。付款是对即期汇票,在持票人提示时,付款人即应付款,无需经过承兑手续。

(5)背书。背书是转让汇票的一种手续,就是由汇票的抬头人(受款人)在汇票背面签上自己的名字,或再加上受让人,即被背书人的名字,并把汇票交给受让人的行为。

(6)拒付。持票人提示汇票要求付款时,遭到付款人拒绝付款或持票人提示汇票要求承兑时,遭到拒绝承兑,或付款人避而不见、破产或死亡等,以致付款已事实上不可能时,均称为"拒付",又称"退票"。

(7)追索。持票人在汇票被拒付时,对其前手(背书人、出票人)有行使请求偿还汇票金额及费用的权利(包括利息及做成"拒付通知"、"拒付证书"的公证费用等)的权利,这种行为称为追索。

(8)贴现。贴现是持票人(即收款人)将未到期的汇票卖给银行,从而提前取得资金的一种融资方式。

3. 支票

1)支票的概念

支票是出票人签发的,委托办理支票存款业务的银行或者其他金融机构在见票时无条件支付确定的金额给收款人或者持票人的票据。

2)支票的种类

支票依据不同的划分方法,可有多种分类:

(1)按是否记载收款人姓名,可分为记名支票和不记名支票。

(2)按是否支付现金,可分为现金支票和转账支票。

(3)按支付票据方式,可分为普通支票、现金支票和转账支票。

小知识:

普通发票既可以用来支取现金,也可以用来转账;现金发票只能用于支取现金,转账支票只能用于转账。

4. 本票

1)本票的概念

本票是出票人签发的,承诺自己在见票时无条件支付确定的金额给收款人或持票人的票据。根据《票据法》规定,本票的出票人必须具有支付本票金额的可靠资金来源,并保证支付。

2)本票的种类

根据不同的标准,可以对本票作不同分类,比如记名本票指定式本票和不记名本票,远期本票和即期本票,银行本票和商业本票等。《票据法》第73条第2款明确指出:"本法所称本票,是指银行本票。"根据第76条规定,又可知该银行本票指记名式即期银行本票。

想一想:

汇票、支票以及本票的区别体现在哪些方面?

5. 法律责任

根据《票据法》第六章规定,有下列票据欺诈行为之一的,依法追究刑事责任:

(1)伪造、变造票据的;

(2)故意使用伪造、变造的票据的;

(3)签发空头支票或者故意签发与其预留的本名签名式样或者印鉴不符的支票,骗取财物的;

(4)签发无可靠资金来源的汇票、本票,骗取资金的;

(5)汇票、本票的出票人在出票时作虚假记载,骗取财物的;

(6)冒用他人的票据,或者故意使用过期或者作废的票据,骗取财物的;

(7)付款人同出票人、持票人恶意串通,实施前六项所列行为之一的。

若有前条所列行为之一,情节轻微,不构成犯罪的,依照国家有关规定给予行政处罚。

金融机构工作人员在票据业务中玩忽职守,对违反本法规定的票据予以承兑、付款或者保证的,给予处分;造成重大损失,构成犯罪的,依法追究刑事责任。由于金融机构工作人员因前款行为给当事人造成损失的,由该金融机构和直接责任人员依法承担赔偿责任。

票据的付款人对见票即付或者到期的票据,故意压票拖延支付的,由金融行政管理部门处以罚款,对直接责任人员给予处分。票据的付款人故意压票拖延支付,给持票人造成损失的,依法承担赔偿责任。

依照《票据法》规定承担赔偿责任以外的其他违反本法规定的行为,给他人造成损失的,应当依法承担民事责任。

案例分析

甲电器公司与乙商贸公司签订了一份价值25万元的微波炉购销合同。由于乙商贸公司一时资金周转困难,为付货款,遂向吴某借款,并从A银行中领到一张以吴某为户名的20万元现金汇票交付给甲公司。

甲公司持该汇票到B银行要求兑现,但B银行拒付票款,并出示了乙公司的电报。

原来乙公司在销售时发现微波炉质量有问题,还发现吴某所汇款项是挪用的公款,遂电告B银行拒付票款,汇票作废,退回A银行。B银行以此为由,拒付款项。

甲公司向法院起诉,要求B银行无条件支付票款。

请问:

B银行是否承担付款责任?为什么?

课题三　非票据结算法

除票据及现金之外的结算方式均为非票据结算方式。主要包括汇兑、托收承付、委托收款、信用卡等。

一、汇兑

1. 汇兑的概念与适用范围

汇兑是指汇款人委托银行将其款项支付给收款人的结算方式。单位和个人的各种款项的结算,均可使用汇兑结算方式。根据划转款项的方法和传递不同,汇兑分为信汇、电汇两种。

1)信汇

信汇是汇款人向银行提出申请,同时交存一定金额及手续费,汇出行将信汇委托书以邮寄方式寄给汇入行,授权汇入行向收款人解付一定金额的一种汇兑结算方式。

2)电汇

电汇是汇款人将一定款项交存汇款银行,汇款银行通过电报或电传给目的地的分行或代理行(汇入行),指示汇入行向收款人支付一定金额的一种汇款方式,如图6-1所示。

在这两种汇兑结算方式中,信汇费用较低,但速度相对较慢,而电汇具有速度快的优点,但汇款人要负担较高的电报电传费用,因而通常只在紧急情况下或者金额较大时适用。另外，为了确保电报的真实性，汇出行在电报上加注双方约定的密码；而信汇则不需加密码，签字即可。

汇兑结算的适用范围广泛，单位和个人各种款项的结算，均可以使用。一般用于异地间的结算，同城范围或同一票据交换区域内的结算，不适用汇兑结算。

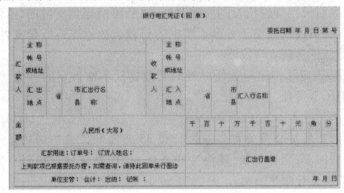

图6-1　银行电汇凭证样单

小知识：

签发汇兑凭证必须记载下列事项：(1)表明"信汇"或"电汇"的字样；(2)无条件支付的委托；(3)确定的金额；(4)收款人名称；(5)汇款人名称；(6)汇款人地点、汇入银行名称；(7)汇款地点、汇款银行名称；(8)委托日期；(9)汇款人签章。

2. 汇兑的特点

汇兑结算适用范围广，手续简便易行，灵活方便，因而是目前一种应用极为广泛的结算方式。

(1)汇兑结算，无论是信汇还是电汇，都没有金额起点的限制。

(2)汇兑结算属于汇款人向异地主动付款的一种结算方式。它对于异地上下级单位之间的资金调剂、清理旧欠以及往来款项的结算等都十分方便。汇兑结算方式还广泛地用于先汇款后发货的交易结算方式。如果销货单位对购货单位的资信情况缺乏了解或者商品较为紧俏的情况下，可以让购货单位先汇款，等收到货款后再发货以免发生坏账。

(3)汇兑结算方式除了适用于单位之间的款项划拨外，也可用于单位对异地的个人支付有关款项，如退休工资、医药费、各种劳务费、稿酬等，还可适用个人对异地单位所支付的有关款项，如邮购商品、书刊等。

(4)汇兑结算手续简便易行，单位或个人很容易办理。

3. 汇款办理

汇款人委托银行办理汇兑，应向汇出银行填写信、电汇凭证，详细填明汇入地点、汇入银行名称、收款人名称、汇款金额、汇款用途（军工产品可以免填）等各项内容，并在信、电汇凭证第二联上加盖预留银行印鉴。但需要注意的是：

(1)汇款单位需要派人到汇入银行领取汇款时，除在"收款人"栏写明取款人的姓名外，还应在"账号或住址"栏内注明"留行待取"字样。留行待取的汇款，需要指定具体收款人领取汇款的，应注明收款人的单位名称。

(2)个体经济户和个人需要在汇入银行支取现金的，应在信、电汇凭证上"汇款金额"

大写栏先填写"现金"字样,接着再紧靠其后填写汇款金额大写。

(3)汇款人确定不得转汇的,应在"备注"栏内注明。

(4)汇款需要收款单位凭印鉴支取的,应在信汇凭证第四联上加盖收款单位预留银行印鉴。

二、托收承付

托收承付结算是指根据购销合同由收款人发货后委托银行向异地购货单位收取货款,购货单位根据合同对单或对证验货后,向银行承认付款的一种结算方式。

1. 基本内容

托收承付亦称异地托收承付,是指根据购销合同由收款人发货后委托银行向异地付款人收取款项,由付款人向银行承认付款的结算方式。根据《支付结算办法》的规定,托收承付结算每笔的金额起点为1万元。

2. 托收承付的种类

异地托收承付结算款项的划回方法,分邮寄和电报两种。邮寄和电报两种结算凭证均为一式5联。第1联回单,是收款人开户行给收款人的回单;第2联委托凭证,是收款人委托开户行办理托收款项后的收款凭证;第3联支票凭证,是付款人向开户行支付货款的支款凭证。第4联收款通知,是收款人开户行在款项收妥后给收款人的收款通知;第5联承付(支款)通知,是付款人开户行通知付款人按期承付货款的承付(支款)通知。

3. 适用范围

托收承付结算方式只适用于异地订有经济合同的商品交易及相关劳务款项的结算。代销、寄销、赊销商品的款项,不得办理异地托收承付结算。

国家相关法律对托收承付的适用范围做出了严格的限制,主要如下:

1)结算起点的限制

《支付结算办法》规定,托收承付结算每笔的金额起点为1万元;新华书店系统每笔金额起点为1千元。

2)结算适用范围的限制

《支付结算办法》规定,托收承付的适用范围是:

(1)使用该结算方式的收款单位和付款单位,必须是国有企业或供销合作社以及经营较好,并经开户银行审查同意的城乡集体所有制工业企业。

(2)办理结算的款项必须是商品交易以及因商品交易而产生的劳务供应款项。代销、寄销、赊销商品款项,不得办理托收承付结算。

3)结算适用条件的限制

《支付结算办法》规定,办理托收承付,除符合以上两个条件外,还必须具备以下3个前提条件:

(1)收付双方使用托收承付结算必须签有符合《经济合同法》的购销合同,并在合同中注明使用异地托收承付结算方式。

(2)收款人办理托收,必须具有商品确已发运的证件。

(3)收付双方办理托收承付结算,必须重合同、守信誉。根据《支付结算办法》规定,若收款人对同一付款人发货托收累计3次收不回货款的,收款人开户银行应暂停收款人向付款人办理托收;付款人累计3次提出无理拒付的,付款人开户银行应暂停其向外办理托收。

4. 办理异地托收承付的基本规定

1)托收注意事项

托收是指销货单位(即收款单位)委托其开户银行收取款项的行为。办理托收时,必须具有符合《合同法》规定的经济合同,并在合同上注明使用托收承付结算方式和遵守发货结算的原则。所谓发货结算是指收款方按照合同发货,并取得货物发运证明后,方可向开户银行办理托收手续。

2)承付注意事项

承付是指购货单位(即付款单位)在承付期限内,向银行承认付款的行为。承付方式有两种,即验单承付和验货承付。验单承付是指付款方接到其开户银行转来的承付通知和相关凭证,并与合同核对相符后,就必须承认付款的结算方式。验单承付的承付期为3天,从付款人开户银行发出承付通知的次日算起,遇假日顺延。

验货承付是指付款单位除了验单外,还要等商品全部运达并验收入库后才承付货款的结算方式。验货承付的承付期为10天,从承运单位发出提货通知的次日算起,遇假日顺延。

5. 异地托收承付结算应具备的条件

通常情况下,办理异地托收承付结算应符合以下条件:

(1)结算的款项必须是商品交易,以及因商品交易而产生的劳务供应的款项,代销、寄销、赊销商品的款项,不得办理托收承付结算。

(2)收付双方使用托收承付结算必须签有符合《合同法》的购销合同,并在合同上订明使用异地托收承付结算方式。

(3)收付双方办理托收承付结算,必须重合同、守信用。

(4)收款人办理托收,必须有商品确已发运的证件(包括铁路、航运、公路等运输部门签发的运单、运单副本和邮局包裹回执等)。

三、委托收款

1. 委托收款的含义及种类

委托收款,是指收款人委托银行向付款人收取款项的结算方式。委托收款分邮寄和电报划回两种。前者是以邮寄方式由付款人开户银行向收款人开户银行转送委托收款凭证、提供收款依据的方式,后者则是以电报方式由付款人开户银行向收款人开户银行转送委托收款凭证,如图6-2所示,提供收款依据的方式。

邮寄划回和电报划回凭证均一式5联。第1联回单,由收款人开户行给收款人的回单;第2联收款凭证,由收款人开户行作收入传票;第3联支款凭证,由付款人开户行作付出传票;第4联收款通知(或发电依据),由收款人开户行在款项收妥后给收款人的收款通知(或付款人开户行凭以拍发电报);第5联付款通知,由付款人开户行给付款人按期付款的通知。

2. 委托付款的适用范围

凡在银行或其他金融机构开立账户的单位和个体经济户的商品交易,用事业单位向用户收取水电费、邮电费、煤气费、公房租金等劳务款项以及其他应收款项,无论是在同城还是异地,均可使用委托收款的结算方式。

3. 办理流程

1)委托收款

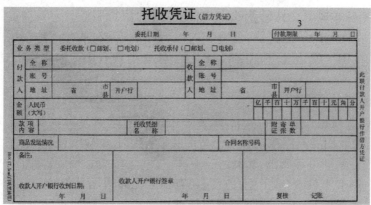

图 6-2 托收凭证样单

(1)收款人办理委托收款应填写邮划委托收款凭证或电划委托收款凭证并签章。将委托收款凭证和有关的债务证明一起提交我行。

(2)审查委托收款凭证和有关的债务证明是否符合有关规定。

(3)将委托收款凭证和有关的债务证明寄交付款人开户行办理委托收款。

2)付款

(1)付款人应于接到通知的 3 日内书面通知银行付款。付款人未在规定期限内通知银行付款的,视同意付款,银行应于付款人接到通知日的次日起第 4 日上午开始营业时,将款项划给收款人。

(2)银行在办理划款时,付款人存款账户不足支付的,应通过被委托银行向收款人发出未付款项通知书。按照有关办法规定,债务证明留存付款人开户银行的,应将其债务证明连同未付款项通知书邮寄被委托银行转交收款人。

(3)付款人拒绝付款。付款人审查有关债务证明后,对收款人委托收取的款项需要拒绝付款的,可以办理拒绝付款。付款人对收款人委托收取的款项需要全部拒绝付款的,应在付款期内填制"委托收款结算全部拒绝付款理由书",并加盖银行预留印鉴章,连同有关单证送交开户银行,银行不负责审查拒付理由,将拒绝付款理由书和有关凭证及单证寄给收款人开户银行转交收款人。需要部分拒绝付款的,应在付款期内出具"委托收款结算部分拒绝付款理由书",并加盖银行预留印鉴章,送交开户银行,银行办理部分划款,并将部分拒绝付款理由书寄给收款人开户银行转交收款人。

(4)无款支付的规定。付款人在付款期满日、银行营业终了前如无足够资金支付全部款项,即为无款支付。银行于次日上午开始营业时,通知付款人将有关单证(单证已做账务处理的,付款人可填制"应付款项证明书"),在两天内退回开户银行,银行将有关结算凭证连同单证或应付款项证明单退回收款人开户银行转交收款人。

(5)付款人逾期不退回单证的,开户银行应按照委托收款的金额自发出通知的第 3 天起,每天处以 0.5‰但不低于 50 元的罚金,并暂停付款人委托银行向外办理结算业务,直到退回单证时为止。

四、信用卡

信用卡是一种非现金交易付款的方式，是简单的信贷服务。它是商业银行向个人或单位发行的，凭此向特约单位购物、消费和向银行存取现金，具有消费信用的特制载体卡片。通俗地说，信用卡就是银行提供给用户的一种先消费后还款的小额信贷支付工具，如图6-3所示。

1. 信用卡的特点

信用卡相比普通银行储蓄卡来说，最方便的使用方式就是可以在卡里无现金的情况下进行普通消费，使用者只需按期归还消费的金额。其主要特点有以下几个方面：

（1）不需要存款即可透支消费，并可享有25～56天的免息期。

（2）购物时刷卡不仅安全、卫生、方便，还有积分礼品赠送。

（3）持卡在银行的特约商户消费，可享受折扣优惠。

（4）积累个人信用，在客户的信用档案中增添诚信记录。

（5）通行全国无障碍，在有银联标志的ATM和POS机上均可取款或刷卡消费。

（6）每月免费邮寄对账单，透明掌握每笔消费支出。

（7）自由选择的一卡双币形式，通行全世界，境外消费可以境内人民币还款。

（8）国内信用卡有效期一般为3年或5年。

2. 信用卡的分类

图6-3 信用卡

（1）按发卡组织分，可分为威士卡、万事达卡、美国运通卡、JCB卡、Discover发现卡（美洲）、联合信用卡（台湾）、大来卡、NETS（新加坡）、BC卡（韩国）、中国银联卡（中国大陆）、Banknetvn（越南）等。

（2）按币种分，可分为单币卡、双币卡。

（3）按信用等级分，可分为普通卡（银卡）、金卡、白金卡、无限卡等。

（4）按是否联名发行分，可分为联名卡、标准卡（非联名卡）、认同卡。

（5）按卡片形状及材质分，可分为标准卡、迷你卡、异型卡、透明卡等。

（6）按信息储存介质分，可分为磁条卡、芯片卡。

（7）按卡片间的关系分，可分为主卡、附属卡。

（8）按持有人的身份分，可分为个人卡、公务卡、公司卡。

（9）按照信用卡级别分，可分为主卡、附属卡。

小知识：

贷记卡与借记卡的区别有：

贷记卡持有人不必在账户上预先存款就可以透支消费，之后只需按银行规定还款即可，可以享受一定时间的免息期。借记卡其实是一种储蓄卡，需要先存款后消费，不能透支。

贷记卡、准贷记卡与借记卡三者之间的区别是：贷记卡持有人不必在账户上预先存款就可以透支消费，之后按银行规定还款就行了，可以享受一定时间的免息期。借记卡说穿了是一种储蓄卡，需要先存款后消费，不能透支。准贷记卡是在社会诚信体系不完善的环境下，通过某种担保或预存保证金才可以有条件、有限度透支消费的信用卡。

3. 申请持卡的流程

1）填表

客户向发卡银行申领信用卡时，需填写信用卡申请表。申请表的内容一般包括：申领人的名称、基本情况、经济状况或收入来源、担保人及其本情况等。申领信用卡的对象可以分为单位和个人。申请的单位应为在我同境内具有独立法人资格的机构、企事业单位、三资企业和个体工商户。每个单位申请信用卡可根据需要领取一张主卡和多张（5～10张）附属卡。个人申领信用卡则必须具有固定的职业和稳定的收入来源，并向银行提供担保。担保的形式包括个人担保、单位担保和个人资金担保。客户按照申请表的内容如实填写后，在递交填写完毕的申请书的同时还要提交有关资信证明。

2）审查

发卡银行接到申请人交来的申请表及有关材料后，要对申请人的信誉情况进行审查。审查的内容主要包括申请表的内容是否属实，对申请的单位还要对其资信程度进行评估，对个人还要审查担保人的有关情况。

3）开户

申请人申领信用卡成功后，发卡行将为持卡人在发卡银行开立单独的信用卡账户，以供购物、消费和取现后进行结算。

4）发卡

发卡银行经审查后，向申请人发放信用卡。

课题四　汽车销售支付结算管理

一、支付结算的概念

支付结算有广义和狭义之分。广义的支付结算是指单位、个人在社会经济活动中使用票据、银行卡和汇兑、托收承付、委托收款等结算方式进行货币给付及其资金清算的行为，其主要功能是完成资金从一方当事人向另一方当事人的转移。狭义的支付结算仅指银行转账结算。

按照不同的标准，支付结算可分为不同的类别。

(1) 依结算采用的形式划分，有现金结算和非现金结算两种。现金结算是指当事人直接用现金进行货币收付，了结其债权债务的行为。非现金结算是指当事人通过银行将款项从付款单位的账户划转到收款单位的账户来完成货币收付以清结债权债务的行为。

(2) 依结算采用的工具划分，有票据结算和非票据结算两类。票据结算是以票据（汇票、本票和支票）作为支付工具来清结货币收付双方的债权债务关系的行为。非票据结算是客户间以结算凭证为依据来清结债权债务关系的行为。

二、办理支付结算的基本要求

(1)单位、个人和银行办理支付结算必须使用按中国人民银行统一规定印制的票据和结算凭证。

(2)单位、个人和银行应当按照《人民币银行结算账户管理办法》的规定开立、使用账户。

(3)票据和结算凭证上的签章和其他记载事项应当真实,不得伪造、变造。

(4)填写票据和结算凭证应当规范,做到要素齐全、数字正确、字迹清晰、不错不漏、不潦草,防止涂改。

三、填写票据和结算凭证的基本要求

(1)收款人名称。一般记载对方全称,也可以填写规范化简称。简称要求排他性,同一性。

(2)票据的出票日期必须使用中文大写。票据出票日期使用小写填写的,银行不予受理。

(3)在填写月、日时,月为"壹、贰和壹拾"的,日为"壹至玖和壹拾、贰拾和叁拾"的,应在其前加"零";日为"拾壹至拾玖"的,应在其前面加"壹"。

小知识:

通常情况下,大写日期未按要求规范填写的,银行也会给予受理;但由此造成损失的,将由出票人自行承担。

(4)中文大写金额数字应用正楷或行书填写。

(5)中文大写金额数字到"元"为止的,在"元"之后应写"整"(或"正")字;到"角"为止的,在"角"之后可以不写"整"(或"正")字。大写金额数字有"分"的,"分"后面不写"整"(或"正")字。

(6)中文大写金额数字前应标明"人民币"字样,大写金额数字应紧接"人民币"字样填写,不得留有空白。大写金额数字前未印"人民币"字样的,应加填"人民币"三字。

(7)阿拉伯小写金额数字中有"0"时,中文大写应按照汉语语言规律、金额数字构成和防止涂改的要求进行书写。

(8)票据和结算凭证的金额以中文大写和阿拉伯数码同时记载,二者必须一致。二者不一致的,票据无效,结算凭证银行不受理。

四、瑕疵票据的识别

票据瑕疵是指票据活动上存在一定的问题,而使票据不再是一般意义上的票据,或者不能再作为正常的票据流通使用。

票据瑕疵与票据形式上的欠缺不同。票据形式上的欠缺,是指票据形式不完备,欠缺票据法所规定的必要记载事项;而票据瑕疵并非形式上的欠缺,是在形式以外存在一定的问题。对于形式欠缺的票据,在票据法上属于无效的票据,并不是在任何情况下均属无效,也并非对任何人均得主张无效。

票据瑕疵有票据伪造、票据变造以及票据涂销三种。

1. 票据伪造

票据伪造是指无权限的当事人假冒他人名义进行的票据行为。票据的伪造有两种情况:一是票据本身的伪造,也称狭义上的票据伪造;二是票据签名的伪造,也称广义上的票据伪造。票据本身的伪造如伪造发票人的签名或盗盖印章而进行的发票,是假冒他人名义进行的发票行为。票据签名的伪造是假借他人名义而为发票以外的票据行为,如背书签名的伪造、承兑签名的伪造等。票据的伪造必须是无权限之人假冒本人签名。如果在票据上表明为本人代理之旨而将本人的姓名载在票据上的,属无权代理而不是伪造。法人代表人为自己利益而以法人名称在票据上签名的,也不是票据的伪造。伪造的票据,没有法律上的效力,即使持票人是善意取得,也不能享有票据上的权利。

票据伪造的效力有以下 3 种情况:

(1)对伪造人而言,票据外观上没有自己的签名,故不承担票据上的责任,但应根据刑法和民法的规定负伪造有价证券和赔偿的责任。

(2)对被伪造人而言,尽管票据外观上有被伪造人的签名,但实质上并非其自签,故不应依票据文义负责。

(3)由于票据行为具有独立性,因此在伪造的票据上进行真正签名的其他人必须负担票据责任。票据的伪造,如果获得被伪造人的追认,票据行为仍可成立。

2. 票据变造

票据变造是指无票据记载事项变更权的人,以实施票据行为为目的,对票据上除签章以外的记载事项进行变更,从而使票据权利义务关系内容发生改变的行为。票据变造的特点如下:

(1)票据变造的前提,是该票据在变造前须为形式上有效的票据,对欠缺票据形式要件的票据进行增、删、变的,不构成票据变造。

(2)票据变造必须以改变票据权利义务为内容。如果行为人进行变造的内容只是与票据权利义务无关的记载事项或是变造后不影响票据权利义务内容的,不能视为票据变造。

(3)票据变造的内容系除签章以外的记载事项。

(4)票据变造的内容不属于法律禁止变更的记载事项,即变造后的票据仍须为形式上有效的票据。票据变造增记绝对有害记载事项导致票据无效的,则构成票据的毁损而不产生变造的结果。

(5)票据变造须是无票据变更权人以行使票据权利为目的的票据行为。有变更权人的变更行为发生票据变更的效力,与票据变造不同。变造票据后不再行使票据权利的,因不发生对票据关系人义务增加的后果,也不会因流通而致票据交易受阻,故也不构成票据变造。

3. 真伪票据的鉴别

票据的鉴别方法,见表 6-2 所示。

4. 瑕疵票据分析

在票据买入审查工作中,票面要素的审查是一个十分严谨而重要的环节,审查的依据主要是《票据法》、《支付结算办法》、《票据管理实施办法》和最高人民法院《关于审理票据纠纷案件若干问题的规定》。

因票据本身导致托收有障碍的票据在业内被称作瑕疵票据,票面要素及背书审查的重点对象是瑕疵票据,通过对瑕疵票据的分析,可以从反面了解票面要素及背书审查的要点。

票据的鉴别方法　　　　　　　　　　　　　　　表6-2

防伪特征鉴别	防伪特征简称	防伪特征识别检验方法	防伪功能
纸张防伪	黑水印	对光,目视检查,因纤维密度不同,可见水印图案较黑	防伪造
纸张防伪	白水印	对光,目视检查,因纤维密度不同,可见水印图案较淡	防伪造
纸张防伪	彩色纤维	自然光下目视可见黑红纤维,深浅不一,可用针挑出(现在已有犯罪分子拿到彩色纤维丝,要同时看水印)	防伪造
纸张防伪	荧光纤维	自然光下不可见,紫光灯下可见蓝绿纤维,亮度深浅不一,用针可挑出	防伪造
纸张防伪	防涂改	用涂改液涂改可见纸张变色	防变造
纸张防伪	证券纸	自然光下和普通纸无区别,在紫光灯下无荧光反应,普通纸在紫光灯下有荧光反应	防伪造
油墨防伪	有色荧光油墨	自然光下红色,紫光灯下橘黄色荧光反应	防伪造
油墨防伪	无色荧光油墨	自然光下不可见,紫光灯下淡绿色反应	防伪造
油墨防伪	可溶性荧光水线油墨	自然光下红色,紫光灯呈橘红光,遇水变化,遇涂改液可消失,且荧光变成淡绿色	防变造
油墨防伪	渗透性油墨	号码用墨直观目视呈棕黑色,背面目视呈淡红色渗透效果	防变造号码
设计印刷防伪	底纹设计	机雕花图案与几何图案结合、纽索、粗细变线、结合微缩花图案,具有防复印、防复制功能	防伪造
设计印刷防伪	彩虹印刷	图案用连续浓淡变色调组成,由两种颜色自然过渡,犹如自然界彩虹渐变	防伪造
设计印刷防伪	微缩文字	不同票种的不同部位加有微缩文字,在放大镜下微缩文字清晰可辨	防伪造
设计印刷防伪	暗记	右下角花心中"h"、票号1和7字体有所变形等	防伪造

1)缺少记载事项

（1）出票环节票面缺少必要记载事项：表明"汇票"字样、无条件支付的委托、确定的金额、付款人名称、收款人名称、出票日期、出票人签章。

（2）票面缺少非必要记载事项。例如缺少收、付款人账号、开户行名称和行号、承兑协议号等。

（3）承兑环节中票面缺少必要记载事项。例如出票缺少汇票章或误用结算章,缺少法定代表人或授权经办人签章等。

2)背书用章问题

加盖背书章时使用支票专用章、煤款结算章、电费章、经济专用章、基建财务专用章等印鉴,因为背书人用章与常规不同引起的,这类瑕疵在我国票据流通中较易引起争议。

一般情况下,票据上常见的单位签章是单位行政公章或名为"财务专用章"的财务专用章。随着企业业务的发展和管理的精细化,许多企业单位都将财务上的用章分门别类,如有的是"结算专用"、有的是"煤款结算专用",有的是"经济专用"。但由于票据上如何用章、用什么章是有严格法律规定的,因此,票据的背书、流通、贴现、转贴现过程中,对单位加盖公章和财务专用章以外背书的票据,银行受理时还是相当谨慎的。

3)背书章出框问题

背书章出框瑕疵的表现主要有以下两种情况:

(1)背书人在背书框之外加盖名章。

(2)背书加盖的靠上,章加盖在被背书人栏内。

票据背书人记载了法律规定应记载的背书事项,并且转让汇票的背书人与受让汇票的被背书人在汇票上的签章依次前后衔接,背书是连续的。汇票背面印有背书和被背书人的栏目,为了便于票据的背书转让。背书章没有加盖在规定的栏目内。但仍具有汇票背书转让的法律效力。因此,背书章出框的票据背书是有效的,后手是可以接受的。

4)骑缝章问题

背书流通次数多了,原有的票据背书已记载不下,按规定应使用粘单,在粘单的粘接过程中有一个骑缝章的操作问题,这个问题如果操作不好,也常常会形成瑕疵。关于骑缝章的瑕疵,主要表现以下5种情况:

(1)粘单处盖章不清;

(2)骑缝处印章化开;

(3)骑缝处章未骑缝;

(4)骑缝处应加盖下手印鉴,但误盖前手背书章;

(5)骑缝处未盖名章。

在票据使用过程中,也会通常出现其他瑕疵问题,此处不再详细叙述。

案例分析

某商店欲购一批价值45000元的卷烟,但账面无款,购销员刘某满口应允,对会计员一笑:"给张汇款单吧"。会计员不解:"无钱还要什么汇款单"。刘某说:"拿来汇款单就是了"。刘某填了一份5000元的汇款凭证来到银行,经办员审查凭证后,也没看是否有足够存款余额,就在第一联信汇凭证上加盖了公章,退给了刘某。记账时才发现是空头支票,但觉得金额不大,也没放在心上,就把它放在一边。其实,何止是空头,刘某填写信汇凭证时故意在大写金额前面留出空,待将经办银行盖章的第一联信汇凭证拿回来后又在前面加上"肆万"二字,在小写金额前加上"4"字码,这样,一张千元小汇单就轻易变成了万元大汇款。第二天刘某便开车直奔烟草公司,轻而易举地将卷烟装上汽车。当烟草公司富有经验、警惕性高的会计再次查看信汇凭证时,看出了蛛丝马迹,立即求助开户行与汇款行联系,确认这笔汇款系伪造,迅速将还未返程的人和车扣留。后两地公安局经立案审查,真相大白,刘某被判处有期徒刑两年。

请问:

1. 刘某为何能够从烟草公司提取货物?

2. 此张汇款单属于何种瑕疵票据?

项目七　汽车货款追收相关法规

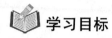 学习目标

完成本项目学习后,你应能:
1. 知道快速讨债法的内容;
2. 知道诉讼讨债法的相关内容与执行;
3. 知道常用的讨债方法。

 建议课时:6 课时。

我国企业在商品交易中货款难以收回的情况十分普遍。因此学习和了解常用的一些讨债方法对于汽车营销企业以及营销人员具有一定的实际意义。常用的讨债方法主要有和解法、诉讼法、仲裁法、申请支付法、申请先予支付法以及强制执行公证法等。而申请强制执行公证和申请支付令是两种法定的能直接进入法院的执行阶段,避免诉讼省时、省力、省钱的讨债方法。

课题一　快速讨债法

一、快速讨债的重要性

目前,我国市场经济体制还不完善,市场交易中的信用体系还不健全,公有制、私有制以及混合制等多种经济成分并存原因,导致我国汽车营销企业在商品交易中的货款难以回收的现象十分普遍。企业之间相互拖欠货款,致使企业交易成本增加,企业信誉受损,严重地影响了汽车企业的正常生产和经营。如图7-1 所示。

在实际的汽车营销过程中,货款无法及时收回将会面临以下几个方面的风险。

1. 法律风险

采取各种手段致使债务超过诉讼时效是赖债者的常用手段。法律规定一般经济纠纷的诉讼时效为两年,若过了诉讼时效,法律不予保护。同时,法院作出胜诉判决的申请执行期限若双方为企业单位的为半年,其中一方为个人的是一年,超过申请执行时效,

图7-1　讨债之路

法律不予保护。

2. 证据灭失风险

若不及时追收货款,由于人员的变更及其他多方面的原因,证据有可能灭失。而法律规定,由谁主张则由谁举证,若主张者无法提供充分的证据,法律将不予保护。

3. 债务人隐匿、转移财产或破产的风险

债务人由于经营不善而造成企业破产,或债务人隐匿、财产转移而导致债权人追债无门。

二、快速讨债法的内容

快速讨债法是指在出现违约拖欠货款、侵害企业债权人合法权益的情况时,通过向公证机构申请强制执行公证、向法院申请支付令等法定途径,使债权人能直接进入法院的执行阶段,避免陷入不必要的诉讼的讨债方法。

1. 公正讨债法

公证讨债法又称强制执行公证讨债法,是指公证机关根据当事人的申请,依法对无异议的追偿债款、物品的文书(如还款、还物协议、借款合同等),赋予其强制执行的效力;一方当事人不履行公证文书规定的义务时,债权人可以直接向有管辖权的人民法院申请强制执行,从而迅速讨回货款的方法。

小知识:

我国《公证法》第37条规定:对经公证的以给付为内容并载明债务人愿意接受强制执行承诺的债权文书,债务人不履行或者履行不适当的,债权人可以依法向有管辖权的人民法院申请执行。

1)法律特征

强制执行的公正讨债法具有以下几个方面法律特征:

(1)具有特殊的法律效力。强制执行公正书不仅具有证据力,还与人民法院已生效的判决书、裁定书、调解书一样具有强制执行效力。如图7-2所示。

(2)强制执行公证仅是一种非诉讼活动,即双方当事人对债权债务关系没有争议,且达成书面协议的,向公证机构申请公证,公证机构赋予证据力和强制执行效力。当债务人不履行公证文书确定的义务,债权人经原公证机构签发执行证书可直接向人民法院申请执行,由人民法院直接申请强制执行收回贷款。

图7-2 公正讨债

2)债权文书的条件

申请办理具有强制执行效力公正的债权文书必须具备以下条件:

(1)债权文书具有给付一定数量的货币、物品、有价证券的内容。

(2)债券文书的内容明确、真实、合法,债权人和债务人对债权文书有关给付内容无异议。

(3)债权文书中的给付义务由债务人单方承担,无对等给付的情形存在。

(4)债权文书中,债务人有明确的不履行义务或不完全履行义务时,愿意依法接受强制执行的意思表示。

3)申办程序(图7-3)

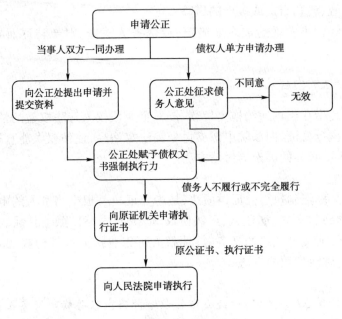

图7-3 快速讨债法申办程序

2. 申请支付令

支付令是指由债权人申请,经人民法院审查后签发的,催促债务人限期履行债务的法律文书。生效的支付令具有与生效的判决、裁定同等法律约束力,即不通过诉讼审理程序而直接进入执行程序。

小知识:

我国《民事诉讼法》第189条第1款规定:债权人请求债务人给付金钱、有价证券,符合下列条件的,可以向有管辖权的基层人民法院申请支付令:第一,债权人与债务人没有其他债务纠纷的;第二,支付令能够送达债务人的。

1)申请支付令的优点

(1)及时保障债权人权益。当债务人收到支付令后的15日内未提出异议,支付令即发生法律效力和强制执行力。

(2)程序上具有简易性、非诉讼性。人民法院收到债权人的书面申请后,无须传唤债务人,无须开庭审理,也不需要双方当事人进行辩论,经审查符合法定条件的即可签发支付令。

(3)经济性。申请支付令,不管申请标的数额多少,每件只需交纳申请费100元。而起诉程序所交纳的诉讼费用则是根据当事人的请求标的按一定比例预交和收取。

2)申请支付令的条件

(1)请示给付的必须是金钱或者汇票、本票、支票以及股票、债券、国库券、可转让的银行存款单等有价证券。

（2）请求给付的金钱或有价证券，必须是已经到期的或者过期的，且数额确定。

（3）债务人负有给付义务，且债权人与债务人之间没有其他债务纠纷。

（4）支付令能够送达债务人。即能够直接送达，但当向债务人本人送达支付令时，如果本人当场拒绝签收，可以适用留置送达。若债务人不在我国境内，或者虽在我国境内但下落不明的，不能申请支付令。

（5）必须向债务人所在地的县、市、区人民法院提出申请。

（6）必须提出书面申请书，并写明以下内容：双方的基本情况；请求给付的数量及所依据的事实、证据，其中特别是应提出能证明所请求债权存在的债权文书；申请的目的，即要表明请求法院依督促程序发出支付令的意愿。

3）申办程序（图7-4）

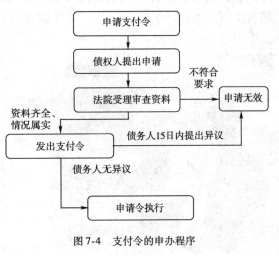

图7-4 支付令的申办程序

课题二 诉讼讨债法

一、诉讼准备

法律诉讼仲裁是汽车经营者为收回债务人欠款所作的最后努力。在进行诉讼仲裁之前应该做好诉前准备工作。

1. 法律准备

法律的准备主要包括两方面的内容：一是法律关系的分析和判断；二是相关法律知识的搜集和准备。

2. 证据准备

对于绝大部分诉讼案件来说，基本上采用"谁主张谁举证原则"，证据不充分就意味着有败诉的可能，因此诉讼证据的收集和准备至关重要。

3. 债务人财产状况调查

对于债权人来说，诉讼的目的并不是为了追求胜诉的判决，而是希望获取一定的经济利益补偿。因此，为了保证将来的胜诉判决能够得以执行，实现对债务人的财产状况进行调查也体现出了一定必要性。

4. 诉讼方案的准备

在完成以上准备工作后，随后就是要研究确定一个具体的诉讼方案。例如：对证据的分析判断；诉讼请求的确定；管辖法院的确定；诉讼时机的选择；对方可能提出的抗辩和对策等。

二、诉讼保全

诉讼保全也称财产保全。它是指法院审理案件时,在作出判决前为防止当事人(被告)转移、隐匿、变卖财产,依职权对财产作出的保护措施,以保证将来判决生效后能得到顺利执行。如图7-5所示。其具体措施主要有查封、扣押、冻结。申请诉讼保全需要注意以下问题:

图7-5 保全证据

1)申请方式符合要求

申请诉讼保全的当事人一般需采用书面方式提交申请书。若有特殊情况的当事人可以口头方式提出,由人民法院记录附卷,并由申请人签名、盖章。

2)申请时间及时

诉前保全的申请时间是在起诉以前,诉讼程序尚未开始;诉讼保全的申请时间是在诉讼程序开始后人民法院作出判决执行前,执行开始后不能申请诉讼保全。

3)请求的对象和范围要明确

对于债务诉讼的诉讼保全的范围应当限于被申请人的财产。对被申请人财产的保全,应当要求申请人提供有关的财产所有权凭证,如汽车要提供车户证明,房屋要提供房屋产权证明书等,以防错将他人的财产查封、扣押。

4)申请保全的措施要具体

财产保全的措施有查封、扣押、冻结、提取、扣留等,当事人要求法院采取哪一种措施必须肯定、具体,不能模糊不清。否则法院可以不予受理。

5)申请的条件要符合法律规定

有关债务申请诉讼保全除了符合给付条件之外,还必须具备诉讼保全的前提。即必须是有可能因为一方当事人的行为或者其他原因,使判决不能执行或难以执行,使权利人的合法权益受到难以弥补的损失和造成无法挽回的遗患后果。

6)申请人要提供担保

诉讼保全是人民法院根据申请人的申请采取的一种紧急的强制性措施。人民法院从保护双方当事人合法权益的角度出发,避免申请人败诉后,被申请人因诉讼保全所遭受的损失得不到赔偿的情况发生,申请人在提出诉讼保全时,应当同时提供担保,拒绝提供担保或担保不符合要求的,人民法院可以驳回申请。

小知识:

对于一个债务人有多个债权人,而债务人将其全部财产抵押给其中一个债权人,而使债务人失去了履行其他债务的能力,法律上规定此抵押无效。

三、诉讼成本

诉讼成本是指诉讼主体在实施诉讼行为的过程中所消耗的人力、物力和财力的总和。

除当事人发生的诉讼成本外,审判机关也会发生诉讼成本,此处成本既包括有形成本,也包括如时间、精力等无形的成本。

1. 诉讼成本的产生

在诉讼过程中,当事人发生的诉讼成本主要有:

(1)当事人为进行诉讼而向法院缴纳的诉讼费用。

(2)当事人因聘请律师或位或其他诉讼代理人而支出的费用。

(3)当事人为进行诉讼活动而直接支出的其他费用。

(4)在诉讼中,由于法院采取财产保全措施,而使被保全财产无法正常投入生产、经营和使用所造成的经济损失。

(5)当事人因参加诉讼活动而耗费的精力与时间。

(6)当事人因妨害诉讼而受到的罚款以及所耗费的时间。

(7)其他因诉讼而发生的成本。

2. 诉讼成本影响因素

一般情况下,决定诉讼成本高低的主要因素集中体现在以下几个方面:

(1)诉讼周期持续的长短。所谓诉讼周期,是指从当事人起诉、法院受理开始,随后经过案件的审理与裁判,一直到通过强制执行,使当事人一方因胜诉所赢得的利益依法得到实现的全过程。诉讼周期持续的长短必将直接影响着诉讼成本的高低。

(2)诉讼程序适用的繁简。诉讼程序最为直观地规范、约束着诉讼主体的各种诉讼活动,而诉讼程序适用的繁简与否则直接决定着诉讼主体所需实施的诉讼行为。一般情况下,诉讼程序烦琐必然意味着诉讼成本的提高。

(3)诉讼费用水平的高低。诉讼费用是当事人因进行诉讼而向法院缴纳的案件受理费以及在案件中除案件受理费以外所需缴纳的其他诉讼费用,诉讼费用越高也意味着诉讼成本越高。

四、诉讼执行

执行是指人民法院按照法定程序,对已经生效的法律文书,在负有义务的一方当事人拒不履行义务时,强制其履行义务,保证生效法律文书的内容得到实现的活动。

1. 先予执行

当事人之间的权利义务关系明确,且被申请人具有履行能力,不先予执行将严重影响申请人的生活或生产经营的,可以在诉讼执行之前申请先予执行。申请先予执行的申请人需提供担保,否则审判机关可驳回申请。

2. 执行依据及执行申请

诉讼执行的依据是发生法律效力的判决或裁定,以及公正机关依法赋予强制执行效力的债权文书。若当事人一方拒绝履行相关义务,当事人可以向人民法院申请执行。

3. 申请执行时间

申请执行的期间为两年。申请执行时效的中止、中断,适用法律有关诉讼时效中止、中断的规定。

4. 不予执行的情形

被申请人提出证据证明仲裁裁决有下列情形之一的,经人民法院组成合议庭审查核实,裁定不予执行:

(1)当事人在合同中没有订有仲裁条款或者事后没有达成书面仲裁协议的。

(2)裁决的事项不属于仲裁协议的范围或者仲裁机构无权仲裁的。

(3)仲裁庭的组成或者仲裁的程序违反法定程序的。

(4)认定事实的主要证据不足的。

(5)适用法律确有错误的。

(6)仲裁员在仲裁该案时有贪污受贿,徇私舞弊,枉法裁决行为的。

(7)人民法院认定执行该裁决违背社会公共利益的,裁定不予执行。

5.执行期限

诉讼执行的期限为6个月,其中不包含执行中的公告期间、鉴定评估期间、管辖争议处理期间、执行争议协调期间、暂缓执行期间以及中止执行期间。人民法院自收到申请执行书之日起超过6个月未执行的,申请执行人可以向上一级人民法院申请执行,责令执行法院限期执行或者变更执行法院:

(1)债权人申请执行时被执行人有可供执行的财产,执行法院自收到申请执行书之日起超过6个月对该财产未执行完结的。

(2)执行过程中发现被执行人可供执行的财产,执行法院自发现财产之日起超过6个月对该财产未执行完结的。

(3)对法律文书确定的行为义务的执行,执行法院自收到申请执行书之日起超过6个月未依法采取相应执行措施的。

(4)其他有条件执行超过6个月未执行的。

课题三 常用讨债法

一、和解法

协商和解是指债权债务当事人在自愿、互谅的基础上,直接进行协商或邀请第三人参与解决纠纷。债权到期或即将到期时,债务人暂无能力偿还债务但有还款诚意的,债权人可以就履行债务的期限、方式、数额等同债务人进行磋商,督促债务人履行债务或签订还款协议。如果该债权有抵押担保或者有第三人提供担保的,债权人可与抵押人或者保证人进行协商,也可请第三者进行协商调解,使抵押人以足额的抵押资产抵偿债务,或者由保证人来代偿债务。如图7-6所示。

协商解决债务纠纷应遵循以下原则:

(1)平等自愿;

(2)合乎法律法规规定;

图7-6 和解

(3)不损害国家、社会和他人的合法权益。

二、调解法

债权人可向所在地的人民调解委员会提出书面调解申请来化解债务纠纷。根据司法部颁布的《人民调解工作若干规定》,申请调解应当具备下列条件:
(1)有明确的被申请调解人(如公民、法人等)的基本情况;
(2)有具体的调解要求。如要求被申请人履行还款义务等;
(3)有提出调解申请的事实依据,如借款合同、担保协议等;
(4)该纠纷属于人民调解委员会的受理范围。

经调解达成协议后,债务人应按约履行义务。不得擅自变更或解除协议。对于签订协议后债务人又反悔或部分反悔的。债权人可以向人民法院起诉。请求判令对方当事人履行调解协议。

三、诉讼法

债务纠纷诉讼就是打民事官司。对一些较为复杂、对方当事人较难对付或者通过其他途径很难解决的案件,债权人就可选诉讼程序来解决。诉讼的特点表现在:
(1)法院处理债务纠纷是最终的、具有强制执行力的解决方式;
(2)诉讼时限受法律的严格限制。

四、仲裁法

根据我国仲裁法的规定,仲裁统一实行或裁或审、一裁终局制度,同诉讼的两审终审制相比,仲裁更有利于当事人之间迅速解决纠纷。当事人申请仲裁应向仲裁机构递交仲裁协议、申请书及副本。申请书要详细载明当事人的姓名、性别、年龄、职业等情况及事实理由。通过仲裁方式解决债务纠纷,具有较强的保密性,当事人之间大多没有激烈的对抗性。另外,申请仲裁的费用一般比提起诉讼的费用低。

四、申请支付法

我国《民事诉讼法》第 191 条规定:"人民法院受理申请后,经审查债权人提供的事实、证据,对债权债务关系明确、合法的,应当在受理之日起 15 日内向债务人发出支付令;申请不成立的,裁定予以驳回。"如果债务人在规定日期内不自觉履行义务,又不提出书面异议,债权人可申请人民法院强制执行。

五、申请先予执行法

先予执行是人民法院在某些案件作出判决以前,为解决原告当前的生活等困难,先向被告执行一定的财物的临时措施。我国《民事诉讼法》第 99 条规定:"人民法院对下列案件,根据当事人的申请,可以裁定先予执行。"如图 7-7 所示。
(1)追索赡养费、抚养费、抚育费、抚恤金、医疗费用的;
(2)追索劳动报酬的;
(3)因情况紧急需要先予执行的。

申请先予执行应具备下列条件：
(1)当事人之间的权利义务关系明确、肯定；
(2)双方当事人之间不存在对待给付的义务,只存在一方当事人享有权利,另一方当事人承担义务；

图7-7 先予执行的情况

(3)行使权利的紧迫性,即享有权利的一方当事人急需实现其权利,如不实现势必严重影响其生活或生产；
(4)须有当事人申请声明,被申请人有履行能力。

六、申办强制执行公正法

强制执行公证,是指公证机关根据当事人申请,对于追偿债款、物品的文书,经审查核实认为无疑议的,对债权文书进行公证,并依法赋予其强制执行效力。采用这种方式,使债权人省去了复杂的诉讼过程,节约了诉讼费用,不失为一种简便而高效的讨债方法。当事人申办有强制执行效力的债权文书公证,应当向管辖权(即当事人住所地或行为发生地)公证处提出申请,并提出当事人的身份证明、法人资格证明、债权文书、有关经济担保的文件以及其他有关材料。

项目八　汽车营销秩序法规基础

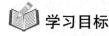 **学习目标**

完成本项目学习后,你应能:
1. 知道反不正当竞争法的概念;
2. 知道不正当竞争行为的特征及表现形式;
3. 知道不正当竞争行为的法律责任;
4. 陈述消费者权益保护法中消费者的权利及经营者的义务;
5. 知道侵害消费者权益的法律责任;
6. 知道广告的概念和分类;
7. 知道广告内容和形式的一般准则;
8. 正确分析反不正当竞争行为的法律责任;
9. 正确分析违反消费者权益保护法的法律责任;
10. 正确分析违反广告法的法律责任。

 建议课时:16 课时

在汽车市场经营活动中,市场经营活动的主体往往追求的是自身利益的最大化。而竞争是追求市场利益最大化过程中不可避免的问题。一些企业为了获得更多的经营利润而使用各种不正当的市场竞争行为,甚至欺骗、隐瞒消费者,侵害消费者的合法权益以及利用虚假广告等不正当行为来满足自身的利益最大化。因此《反不正当竞争行为法》、《广告法》、《消费者权益保护法》等法律制度是维护市场正常经营秩序以及保护消费者利益的有力武器。

课题一　反不正当竞争法

一、反不正当竞争法概述

1. 反不正当竞争法的概念

1993 年 9 月 2 日,第八届全国人民代表大会常务委员会第三次会议通过了《中华人民共和国反不正当竞争法》(以下简称《反不正当竞争法》)。所谓的反不正当竞争法是由国家制定的,为保护国家和人民的利益以及社会主义市场竞争秩序,制裁生产经营活动中不正当竞争行为的法律规范总称。反不正当竞争法的制定为保障社会主义市场经济健康发展,鼓励和保护公平竞争,制止不正当行为,保护经营者和消费者的合法权益起到了重要的作用。如图8-1所示。

2. 反不正当竞争法的调整对象

《反不正当竞争法》的调整对象主要有以下3个方面：

1）经营者之间的不正当竞争关系

（1）采用假冒或仿冒等容易混淆的手段从事市场交易、商业贿赂；

（2）以排挤竞争对手为目的，以低于成本的价格销售商品、商品诽谤；

（3）在企业参与招标投标过程中的不正当竞争行为；

（4）公用企业或其他依法具有独占地位的经营者强制交易的行为等。

2）经营者与消费者之间的不正当竞争权益关系

（1）侵犯商业秘密；

（2）引人误解的虚假宣传；

（3）违反规定的有奖销售；

图8-1 反不正当竞争法

（4）违背购买者的意愿搭售商品或附加其他不合理条件的商品销售。

3）经营者与政府及管理部门之间的不正当竞争关系

经营者与政府及管理部门之间的不正当竞争关系主要是政府及其所属部门滥用行政权利限制竞争的行为，如实行地区封锁或以权经商。

想一想：

如何理解《反不正当竞争法》规定的假冒他人注册商标和《商标法》中的侵犯他人商标？

3. 反不正当竞争法的基本原则

1）自愿、平等、公平竞争原则

市场经济中的所有汽车经营企业，无论其所有制如何，营销方式如何，都应当遵循自愿、平等、公平的原则，合法进行竞争。

2）诚实信用的原则

汽车经营企业在市场交易过程中应当严格依据法律规定和合同的约定，尊重实际情况，注重商业信誉，不得采取虚假的欺诈手段。

3）参照国际惯例和条约原则

我国是汽车消费大国，全世界大多数汽车厂商与我国具有密切的贸易关系。在这些贸易活动中，难免也会有一些不正当竞争行为的产生，因此就需要参照国际惯例和国际条约来解决这些问题。

4. 反不正当竞争法的作用

（1）促进了社会主义市场经济秩序的建立。竞争促进了市场的发展，而市场的秩序又依赖竞争秩序的建立。竞争秩序是所有市场经营者都必须遵守的共同行为准则。《反不正当竞争法》促进了这种秩序的建立。

(2)规范了经营者的竞争行为,提高了经济效益。《反不正当竞争法》促使市场经营者对其竞争行为加以规范,改善经营管理,加强经济预算,增加产品形式,提高产品质量,降低产品成本,改进售后服务工作。

(3)保护了经营者的合法权益。在社会主义市场经济下,一切汽车产品经营者都有权依法从事汽车产品的经营或营利性服务,在平等的条件下参与市场竞争,都享有合法权益并且享有合法权益不收侵害的权利。

(4)保护了消费者的合法权益。市场竞争永远都是和消费者密切相关的。正当的竞争有利于实现消费者的利益,而不正当的竞争势必会损害消费者的利益。因此,为保障消费者利益不受侵害,必须制定《不正当竞争法》来打击和制裁不正当的竞争行为。

二、不正当竞争行为

在《反不正当竞争法》中对不正当竞争行为的概念作出了如下规定:所谓的不正当竞争是指经营者违反本法规定,损害其他经营者的合法利益,扰乱社会经济秩序的行为。此处的经营者是指从事商品经营或者营利性服务的法人、其他经济组织以及个人。其特征是具有盈利性。没有从事商品经营或者营利性服务的,不能构成不正当竞争的主体。

小知识:

对于汽车行业来说,不正当竞争的主体可以是汽车生产厂家、汽车销售经营企业(如4S店、二手车销售企业)、汽车维修厂家以及个人等。

1. 不正当竞争行为的特征

(1)违法性。即经营者的行为违反了《反不正当竞争法》的有关规定;

(2)侵权性。即不正当竞争行为侵害了或者可能侵害其他经营者的合法权益;

(3)社会危害性。即不正当竞争行为不但给特定的经营者造成损害,还扰乱了公平竞争赖以存在的良好的、正常的社会经济秩序。

2. 不正当竞争行为的表现形式

1)欺骗性交易行为

欺骗性交易行为主要表现在采用假冒或仿冒等混淆手段从事市场交易。《反不正当竞争法》规定,属于此类不正当竞争行为的主要有:

(1)假冒他人注册商标(图8-2);

(2)擅自使用知名商品特有的名称、包装、装潢,或者使用知名商品近似的名称、包装、装潢,而造成与他人的知名商品相混淆,使购买者以为是该知名商品;

(3)擅自使用他人的企业名称或姓名,引人误以为是他人的商品;

图8-2 假冒商标

(4)在商品上伪造或者冒用认证标志、名优标志等质量标志,伪造产地,对商品质量作引人误解的虚假表示。

案例分析

丰田状告吉利侵权 吉利誓言保住商标

2003年8月6日上午9时,号称"中日汽车知识产权第一案"的丰田告吉利商标侵权案,在市二中院第二法庭准时开庭。一个年产值数百亿美元的汽车巨头状告一个年销售量不过30亿元人民币的小汽车厂;一个日本经济巨头与一个中国普通民营企业的官司。据悉,这也是中国加入世贸组织后法院受理的首例汽车知识产权纠纷案。如图8-3所示。

吉利誓言保住美日商标

"我们绝对不会放弃美日这个商标的!"8月6日下午,为吉利代理的五环律师事务所律师王中先生,针对丰田在庭审最后提出"吉利放弃美日商标,丰田就放弃1400万元的赔偿"的调解方案,表示坚决反对。王律师说,相对于世界汽车巨头,1400万元对于任何一个小企业,都是一个不小的数目,但吉利一定要保住"美日"商标,这个意义更加深远。

图8-3 丰田状告吉利

丰田告吉利商标侵权

去年12月,丰田自动车株式会社将吉利及其在北京的两家经销商告到了市二中院。丰田当庭拿出了42份证据进行论证,认为吉利的美日汽车使用的商标与丰田的图形、文字商标相似,其行为构成商标侵权和不正当竞争;其在广告宣传中使用"丰田"、"TOYOTA""美日汽车、丰田动力"、"丰田8A发动机"等文字,误导了消费者,作为经销商的北京亚辰伟业汽车销售中心的行为也构成商标侵权和不正当竞争,要求二被告共同赔偿1392万元,并支付丰田为制止侵权支出的15万元费用。

发动机是打官司的重点

丰田认为,这样宣传就是对丰田发动机知识产权的侵犯,在广告宣传中使用"美日汽车、丰田动力"、"丰田8A发动机"等文字,误导了消费者,以为吉利和丰田存在某种关系。

吉利则称,美日汽车使用的发动机是天津丰田汽车发动机有限公司生产的8A型发动机。三年多来,吉利为采购天津丰田生产的发动机的金额约4亿元人民币,属合理使用。庭下,吉利副总裁陈文明告诉记者,吉利在今年3月就已停止使用天津丰田生产的发动机,目前使用的发动机是吉利和一家国外企业合资研制生产的8A/MR479Q发动机,是吉利自己的知识产权,和丰田技术无关。

问题:

请上网查找资料继续关注丰田与吉利的商标侵权案。

资料来源:网络。

2)限定专购的不正当竞争行为

限定专购的不正当竞争行为主要是指公用企业或者其他依法具有独占地位的经营者,限定他人购买其指定的经营者的商品,以排挤其他经营者的不公平竞争。

(1)公用企业,是指城镇中为适应公众的生活需要而经营的具有公共利益性质的企业组织,如交通运输企业。

(2) 其他依法具有独占地位的经营者,是指除上诉公用企业外,法律或行政法规规定而具有独占地位的经营者。在汽车行业此类经营企业较少。

3) 以权经商和地区封锁行为

《反不正当竞争法》第 7 条中规定:"政府及其所属部门不得滥用行政权力,限定他人购买其指定的经营者的商品,限制其他经营者正当的经营活动。政府及其所属部门不得滥用行政权力,限制外地商品进入本地市场,或者本地商品流向外地市场。"其主要行为主要包括:

(1) 限定他人购买指定经营者的产品;
(2) 限制其他经营者进行正常的经营活动;
(3) 限制外地产品进入本地市场或者本地产品流入外地市场,实施"地区封锁"。

4) 商业贿赂行为

商业贿赂主要是指经营者采用财务或其他手段进行贿赂以销售过购买商品。其中受贿者与贿赂者,不管其是单位还是个人,都按商业贿赂处理。商业贿赂的产品销售行为严重地违背了诚实守信的商业道德,对市场经营的秩序产生了重大的影响。

小知识:

商业贿赂最常见的形式是回扣,而经营者在销售或购买商品时,可以以明示的方式给对方回扣或给中间人佣金,但必须如实入账,否则以贿赂论处。在汽车销售中,厂商也经常对其经销商采取回扣的形式促进其销售。

5) 虚假广告宣传行为

虚假广告宣传行为是经营者利用广告或其他方法,对商品或服务做夸大失真或引人误解的宣传行为。如图示 8-4 所示。《反不正当竞争法》中规定:"经营者不得利用广告或其他方法,对商品的质量、制作成分、性能、用途、生产者、有效期限、产地等作引人误解的虚假宣传。广告的经营者不得在明知或者应知的情况下,代理、设计、制作、发布虚假广告。"目前,在各行各业都存在着大量的虚假广告,在汽车行业中,也存在着一些虚假广告。

6) 侵犯商业秘密的不正当竞争行为

商业秘密是指不为公众所知悉的,能够为权利人带来经济利益的,具有实用性并经权利人采取保密措施的技术信息和经营信息。如图 8-5 所示。商业秘密是一种与知识产权最为临近的财产权,他可以给商业秘密所有人或使用人带来经济利益。用不正当的手段侵犯他人的商业秘密也是一种法律所禁止的不正当竞争行为。主要行为表现在:

图 8-4 虚假广告

图 8-5 商业秘密

（1）以盗窃、利诱、胁迫等不正当手段获得权利人的商业秘密；

（2）披露、使用，或者允许他人使用以上述手段获得的商业秘密；

（3）违反约定或者违反权利人有关保守商业秘密的要求，披露、使用或允许他人使用其所掌握的商业秘密；

（4）第三人明知或应知前面所列违法行为，仍获取、使用或披露他人商业秘密。

想一想：

某汽车4S店企业的王经理私自将自己公司客户名单卖给了其竞争品牌4S店，王经理的这种行为是否属于不正当竞争行为？

案例拓展

长城状告菲亚特

早在2007年年中，意大利菲亚特公司向石家庄中级人民法院提起诉讼，称长城汽车的精灵轿车侵犯了其在中国的新熊猫外观设计专利。2008年年中，河北省高级人民法院驳回菲亚特上诉，长城汽车胜诉。

2009年6月，长城汽车向当地法院提起诉讼称，长城汽车有确凿证据，证明菲亚特曾私自到长城厂区的研发场地，偷拍了该公司第一款轿车长城精灵在研发期间的照片，此诉讼使得菲亚特陷入了"间谍门"，一时引起商业界广泛关注。

7）以排挤竞争对手为目的的低价销售

在汽车销售市场中，不正当的低价销售违背了企业生存原理及价值规律，带来的将是整个汽车市场的价格战，中小企业纷纷倒闭的现象。因此在《反不正当竞争法》中作出了如下规定："经营者不得以排挤对手为目的，以低于成本的价格销售商品。"在实际的市场经营中，这种行为主要表现在以低利润、零利润或暂时的亏本销售，来排挤竞争对手。

8）搭售商品或附加其他不合理条件的销售行为

该行为主要是指在汽车营销过程中，经营者违背购买者的意愿强行搭售商品或者附加其他不合理条件的行为。如图8-6所示。搭售主要是指通过搭配销售，推销其他直销商品，或优质商品搭配劣、次商品。附加其他不合理条件行为的表现形式有很多种，如经营者在销售的同时要求购买者不要再与竞争对手交易或在销售时违背购买者的意愿，添加显失公正的附加条件。如在汽车销售中加价提车或强行要求顾客购买汽车装潢等。

图8-6 附加其他不合理条件

9）违法规定的有奖销售行为

有奖销售是指经营者为扩大商品销路、吸引顾客，通过把售出商品所得全部利润的一部分拿出来设立奖金或奖品进行推销的行为。

法律允许在不违背诚实信用的原则下使用有奖销售。但是以欺骗为手段的有奖销售属于不正当竞争行为。其表现形式主要有：

（1）采用谎称有奖销售或者故意让内定人员中奖的欺骗方式进行有奖销售；

(2)利用有奖销售的手段推销质次价高的商品；

(3)抽奖式的有奖销售，最高奖的金额超过5000元。

10)诋毁竞争对手的商业信誉的行为

诋毁竞争对手商业信誉的行为是指从事生产、经营活动的市场经营主题，为了竞争的目的，故意制造和散布有损同行的商业信誉或商品信誉的虚假信息，诋毁其法人人格，使其无法参与正常的市场交易活动，削弱其市场竞争力，从而使自己在市场竞争中取得优势的行为。如图8-7所示。其主要的行为有：

(1)利用散布公开信、召开新闻发布会、刊登对比性广告等形式，制造、散布贬损竞争对手商业信誉、商品声誉的虚假事实；

(2)贬损有知名度的产品，从而抬高自己产品的地位；

图8-7　损害商业信誉

(3)组织人员以消费者的名义，向有关经济监督管理组织部门做关于竞争对手产品质量低劣、服务质量差、侵害消费者利益等情况的虚假投诉，以增加竞争对手的社会投诉量，从而达到贬损其商业信誉的行为；

(4)在对外经营过程中，向业务客户及消费者传播、散布竞争对手所售的商品质量有问题，使公众对该商品失去信赖，取而代之使用自己的同类产品。

11)通谋投标行为

通谋投标行为是指投标者和招标者为排挤对手，互相勾结，串通投标，故意抬高或压低标价的不正当竞争行为。如图8-8所示。

常见的招标投标不正当竞争行为主要有：

(1)投标者串通投标，抬高标价或压低标价；

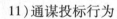

图8-8　通谋招标

(2)投标者与招标者之间相互勾结。如招标者在开标前私下将投标文件泄密给内定投标者；招标者在审查评选标书时，对不同的投标者进行差别对待；招标、投标者勾结在公开招标中压低标价，事后进行补偿；招标者向特定的投标者泄露其标底。

三、对不正当竞争行为的监督检查

所谓的监督检查，是指法定机关依照法定程序对涉嫌违法行为的经营者采用的了解、取证、督促措施以及必要的行政强制措施。在我国，县级以上人民政府的工商行政管理部门对不正当竞争行为进行监督检查，而法律、行政法规规定由其他部门监督检查的，依照其规定。

监督检查部门在监督检查不正当竞争行为时，有权行使下列职权：

(1)按照规定程序询问被检查的经营者、利害关系人、证明人，并要求提供证明材料或者与不正当竞争行为有关的其他资料；

(2)查询、复制与不正当竞争行为有关的协议、账册、单据、文件、记录、业务函电和其他资料；

(3)检查与本法第五条规定的不正当竞争行为有关的财物，必要时可以责令被检查的经营者说明该商品的来源和数量，暂停销售，听候检查，不得转移、隐匿、销毁该财物。

四、不正当竞争行为的法律责任

法律责任是指由于行为人的违法行为而应承担的法律后果。在《反不正当竞争法》中，实施不正当竞争行为的法律责任形式有行政责任、民事责任和刑事责任三种。

1.行政责任

实施不正当竞争行为(图8-9)的行政责任形式主要有：

(1)宣布行为无效。如在汽车销售过程中，附加其他不合理条件的销售行为，根据相关法律责任应首先宣布该行为无效。

(2)责令停止违法行为。如汽车销售过程中，顾客提车额外加价，根据相关法律责任应责令经营者停止该行为。

(3)责令改正。如政府部门限定相关企业或部门购买指定品牌汽车，根据相关法律应责令其进行改正。

(4)没收违法所得。如在汽车经营过程中，一些汽车配件经营者销售假冒伪劣产品以冒充知名品牌配件的，根据相关法律规定，应没收其违法所得。

(5)罚款。如在汽车或配件经营过程中，发生商标侵权等不正当竞争行为的，根据相关法律规定，应给予1~3倍的罚款。

图8-9　不正当竞争行为

(6)行政处分。如政府及所属部门限定汽车产品专购行为而情节严重者，可根据相关法律规定直接对相关责任人员给予行政处分。

(7)吊销营业执照。经营者擅自使用知名商品特有的名称、商标、包装或使用与知名商品相似的名称、包装等而造成他人与知名商品混淆，使购买者误认为是该知名商品的不正当竞争行为，情节严重者，根据相关法律规定可吊销其营业执照。

2.民事责任

(1)停止侵害。如假冒他人著名的汽车商标，组装生产汽车的，一经查出，应停止其侵害行为。

(2)消除影响。如经营者利用广告或其他形式，对其商品作令人误解的虚假宣传等，根据相关法律规定，应承担消除影响的法律责任。

(3)赔偿损失。如经营者违法实施不正当竞争行为，给被侵害人造成损失的，根据相关法律规定，应赔偿相应损失。

3.刑事责任

经营者违法实施商标侵权的不正当竞争行为、贿赂销售的不正当竞争行为，以及监督检查不正当竞争行为的国家机关工作人员滥用职权、玩忽职守,构成犯罪的,应依法追究其刑事责任。监督检查不正当竞争行为的国家机关工作人员徇私舞弊,对明知有违法构成犯罪的行为的竞争者故意包庇不使其受追诉的,要依法追究其刑事责任。

案例分析

1. 宝马侵权使用长征运载火箭形象

宝马(中国)汽车贸易有限公司(下称"宝马公司")未经许可,在产品广告宣传中使用长征运载火箭形象,结果被运载火箭的研制、生产单位——中国运载火箭技术研究院告上法院,索赔10万元(本报11月24日曾报道)。近日,丰台法院一审认定宝马公司构成不正当竞争,判决其赔偿运载火箭研究院9万元。

运载火箭研究院诉称,其是长征系列运载火箭CZ-2F运载火箭图形注册商标的所有权人,宝马公司未经许可,在2010年第11期的《看天下》杂志发布了一则宝马汽车平面广告,擅自使用CZ-2F运载火箭的形象,属于利用运载火箭知名度吸引相关公众的注意力,借此提升其产品的社会知名度和市场竞争力,构成不正当竞争,据此索赔10万元。

开庭时,宝马公司辩称其不属于不正当竞争,认为涉案广告图案中使用的火箭图形属于公有领域,宝马公司属于合理使用。此外,宝马品牌及其系列的宝马汽车,本身就有很高的知名度,没有攀附原告的必要,消费者也不会造成混淆。

法院认为,宝马公司通过使用CZ-2F运载火箭形象图形作为广告元素,获得了更为有利的市场竞争地位,使人误认运载火箭研究院许可宝马公司使用CZ-2F运载火箭形象或与宝马公司存在某种合作关系,违反公平、诚实信用的原则,损害了运载火箭研究院的利益,构成不正当竞争。

请问:

根据《反不正当竞争法》的有关规定,宝马公司应付何种责任,并应接受何种惩罚?

2. 有奖销售不正当竞争行为

桂林某商贸有限公司举办了一次有奖销售活动,消费者凡购买其促销产品即可获得抽奖券一张,参加抽奖,最高奖项为熊猫1.0升舒适型汽车一年使用权。桂林市工商局叠彩分局在立案调查后认定,该行为属于违法有奖销售,已构成不正当竞争行为,根据《反不正当竞争法》的有关规定,经营者被处以了1万元的行政处罚。

请问:

桂林某商贸有限公司的行为为什么构成了不正当的竞争行为?

课题二 消费者权益保护法

一、消费者权益保护法概述

1. 消费者的含义

《消费者权益保护法》(图8-10)的核心主体是消费者,是保护消费者的合法权益的法律,所以在学习《消费者权益保护法》之前,应首先明确"消费者"的含义和概念。

图8-10 消费者权益保护法

消费者是指为了生活消费需要购买、使用商品或者接受服务的个人。其具有以下几点特征：
(1)消费的主体是个人；
(2)消费的性质是生活消费；
(3)消费的客体是商品或服务；
(4)消费的方式是购买、使用或接受服务；
(5)消费者购买、使用的商品或提供的服务是由经营者提供的。

知识拓展

从法律意义上讲，消费者应该是为个人的目的购买或使用商品和接受服务的社会成员。消费者与生产者及销售者不同,他或她必须是产品和服务的最终使用者而不是生产者、经营者。也就是说,他或她购买商品的目的主要是用于个人或家庭需要而不是经营或销售,这是消费者最本质的一个特点。作为消费者,其消费活动的内容不仅包括为个人和家庭生活需要而购买和使用产品,而且包括为个人和家庭生活需要而接受他人提供的服务。但无论是购买和使用商品还是接受,其目的只是满足个人和家庭需要,而不是生产和经营的需要。

思考：
(1)知假买假者是消费者吗？
(2)农民购买农药、饲料等生产资料属于消费者吗？

2.消费者权益保护法

为保护消费者的合法权益,维护社会经济秩序,促进社会主义市场经济健康发展,在1993年10月31日第八届全国人大第4次会议上通过了《消费者权益保护法》,该法自1994年1月1日起施行。

1)特点

(1)《消费者权益保护法》规定了消费者的权利,却没有规定消费者相关的义务。这说明该法着重在于保护消费者的利益。

(2)《消费者权益保护法》强调经营者与消费者处于平等的地位。

(3)《消费者权益保护法》中提及消费者的权益有九项,表明我国有关消费者权益的法律已经逐渐与发达国家接轨。

(4)《消费者权益保护法》鼓励、动员全社会为保护消费者的合法权益共同承担责任,对损害消费者利益的不法行为进行全方位监督。

2)适用范围

(1)消费者为生活消费需要购买、使用商品或者接受服务,其权益受《消费者权益保护法》保护。

(2)经营者为消费者提供其生产、销售的商品或者提供服务,应当遵守《消费者权益保护法》。

(3)农民购买、使用直接用于农业生产的生产资料参照《消费者权益保护法》执行。

知识拓展

3.15 国际消费者权益日

"国际消费者权益日"（International Day for Protecting Consumers' Rights）定于每年的3月15日，最先由国际消费者联盟组织于1983年确定，目的在于扩大消费者权益保护的宣传，使之在世界范围内得到重视，促进各国和地区消费者组织之间的合作与交往，在国际范围内更好地保护消费者权益。

1. 历史由来

1898年，全世界第一个消费者组织在美国成立，1936年，建立了全美的消费者联盟。第二次世界大战后，各种反映消费者利益和要求的组织，在一些发达国家相继出现。在此基础上，1960年，国际消费者联盟组织宣告成立。之后，消费者运动更加活跃，许多发展中国家也建立了消费者组织，使消费者运动成为一种全球性的社会现象。目前，全世界已有90多个国家共300多个消费者组织在开展活动。

1962年3月15日，肯尼迪在美国国会发表了有关保护消费者利益的总统特别咨文，首次提出了著名的消费者的4项权利，即安全消费的权利、消费时被告知基本事实的权利、选择的权利和呼吁的权利。随着消费者权利保护工作的开展，肯尼迪提出的4项权利和国际消费者协会确定的另外4项权利，即满足基本需求的权利、公正解决纠纷的权利、掌握消费基本知识的权利和在健康环境中生活工作的权利，一并成为全世界保护消费发展历程者权益工作的8条准则。

1983年，国际消费者协会把每年的3月15日定为国际消费者权益日（图8-11）。此后，每年3月15日，世界各地的消费者及有关组织都要举行各种活动，推动保护消费者权益运动进一步发展。

1985年4月9日，联合国大会一致通过了《保护消费者准则》，促使各国采取切实措施，维护消费者的利益。

1984年12月26日，中国消费者协会成立，中国消费者协会于1987年加入国际消费者协会。

1991年3月15日，中央电视台经济部的编导们推出现场直播"3·15"国际消费者权益日消费者之友专题晚会。

图8-11　3.15标志

2010年1月30日，中央电视台经济部开办"3·15"晚会新浪官方微博。

2. 节日宗旨

(1) 向消费者提供信息，对消费者进行教育，提高消费者维护自身权益的意识和能力；

(2) 处理消费者投诉，帮助消费者挽回损失；

(3) 搜集消费者的意见并向企业反馈；

(4) 大造舆论，宣传消费者的权利，形成舆论压力，以改善消费者的地位；

(5) 参与国家或政府有关消费者法律和政策的制定，并要求政府建立消费者行政体

系,处理消费者问题;

(6)成立消费者团体,确立消费者主权;

(7)加强消费者国际团体及合作。

二、消费者的权利和经营者的义务

1. 消费者权利

1)安全保障权

安全保障权是消费者的最基本权利,其权利内容有:

(1)消费者在购买、使用商品和接受服务时享有人身、财产安全不受损害的权利;

(2)消费者有权要求经营者提供的商品和服务,符合保障人身、财产安全的要求。

2)知情权

消费者享有知悉其购买、使用的商品或者接受的服务的真实情况的权利。消费者有权根据商品或者服务的不同情况,要求经营者提供商品的价格、产地、生产者、用途、性能、规格、等级、主要成分、生产日期、有效期限、检验合格证明、使用方法说明书、售后服务,或者服务的内容、规格、费用等有关情况。

3)自主选择权

消费者享有自主选择商品或者服务的权利。消费者有权自主选择提供商品或者服务的经营者,自主选择商品品种或者服务方式,自主决定购买或者不购买任何一种商品、接受或者不接受任何一项服务。消费者在自主选择商品或者服务时,有权进行比较、鉴别和挑选。

4)公平交易权

消费者在购买商品或者接受服务时,有权获得质量保障、价格合理、计量正确等公平交易条件,有权拒绝经营者的强制交易行为。如图8-12所示。

图8-12 商家杀手锏

5)依法求偿权

消费者因购买、使用商品或者接受服务受到人身、财产损害的,享有依法获得赔偿的权利。享有求偿权的主体包括:商品的购买者、使用者,服务的接受者,除消费者以外的因商品、服务引起的事故而受到损害的其他人。求偿的内容包括:人身损害赔偿及财产损害赔偿。

6)依法结社权

消费者为了维护自身的合法权益而依法组织社会团体的权利。消费者协会和其他消费者组织是依法成立的对商品和服务进行社会监督的保护消费者合法权益的社会团体。其主要职能有:

(1)向消费者提供消费信息和咨询服务;

(2)参与有关行政部门对商品和服务的监督、检查;

(3)就有关消费者合法权益的问题,向有关行政部门反映、查询,提出建议;
(4)受理消费者的投诉,并对投诉事项进行调查、调解;
(5)投诉事项涉及商品和服务质量问题的,可以提请鉴定部门鉴定,鉴定部门应当告知鉴定结论;
(6)就损害消费者合法权益的行为,支持受损害的消费者提起诉讼;
(7)对损害消费者合法权益的行为,通过大众传播媒介予以揭露、批评。

7)接受教育权

消费者具有获得消费和消费者权益保护方面的知识以及获得所需商品或服务的有关知识和使用技能的权利,消费者的受教育权是公民教育权的一个重要组成部分。这项权利一方面要求消费者应不断学习、掌握商品或服务方面的知识,提高自我保护意识;另一方面,消费者有权要求国家有关机构、大众传媒以及社会各界宣传、普及与消费者有关的知识。

8)维护尊严权

消费者在购买、使用商品或接受服务时享有人格尊严,民族风俗习惯受到尊重的权利。

9)监督批评权

消费者享有对商品和服务以及保护消费者权益的工作进行监督的权利。主要包括:
(1)对商品和服务进行监督;
(2)有检举权,有控告侵犯消费者合法权益的行为的权利;
(3)对国家机关工作人员在保护消费者合法权益工作中的违法失职行为进行监督;
(4)对保护消费者合法权益的工作提出批评和建议。

2. 经营者的义务

经营者的义务主要是经营者与消费者之间的一种平等主体间的义务,主要有以下几个方面:

1)依法定或约定履行的义务

经营者向消费者提供商品或服务,应当按照《产品质量法》和其他有关法律法规的规定履行义务。此外,经营者与消费者有约定的,应当按照约定履行义务,但双方约定不得违背法律、法规的规定。

2)听取意见和接受监督的义务

经营者应当听取消费者关于商品或者服务的看法、批评和建议,把消费者的意见作为改进商品质量、提高服务水平的重要依据,自觉接受消费者的监督和考察。

3)保障人身和财产安全的义务

经营者应当保证其提供的商品或者服务符合保障人身、财产安全的要求。

4)提供真实信息的义务

经营者应该提供商品的真实信息、不做引人误解的虚假宣传、对顾客的疑问做出明确的答复以及应对所提供的商品进行明码标价。提供真实的信息包括商品的标签、说明、包装以及广告的信息真实性。虚假宣传包括不做杜撰性的虚假宣传,不做不确定性的虚假宣传,不做夸大性的虚假宣传。

5) 出具凭证和单据的义务

经营者提供商品或服务,应当按照国家有关规定或者商业惯例向消费者出具购货凭证或者服务单据。消费者索要购货凭证或单据的,经营者必须出具。这些购货凭证和服务单据是日后消费者要求经营者履行相关义务责任以及纠纷索赔的有力证据。

小知识:

在实际的交易中,购货凭证和服务单据的表现形式多种多样,如发票、购物小票、保修卡、价格单等。这些都可以作为消费者维护自己权益的有力证据。

6) 提供符合要求的产品或服务的义务

经营者应当保证在正常使用商品或者接受服务的情况下,其提供的商品或者服务应当具有符合要求的质量、性能、用途和有效期限。但消费者在购买时已经知道其存在瑕疵或非正常使用造成的除外。经营者以广告、产品说明、实物样品或者其他方式表明商品或者服务的质量状况的,应当保证其提供的商品或者服务的实际质量与表明的质量状况相符。

7) 履行"三包"或其他责任的义务

经营者提供商品或服务,按照国家规定或者与消费者规定,承担包修、包换、包退或者其他责任的,应当按照国家规定或者约定履行,不得故意拖延或者无理拒绝。如图8-13所示。

图8-13　概不退换

8) 遵守公平交易的义务

经营者不得以格式合同、通知、声明、殿堂告示等单方意思表示的方式做出对消费者不公平、不合理的规定。或者减轻、免除自己的责任和侵犯消费者的权益。

9) 尊重消费者人格尊严的义务

经营者应该尊重消费者的人格尊严,不得对消费者进侮辱、诽谤,不得搜查消费者的身体以及携带的物品,不得侵犯消费者的人身自由。

10) 表明经营者真是名称和标记的义务

经营者应当表明其真实名称和标记。租赁柜台和场地的经营者应当标明其真实的名称和姓名。

三、消费者权益争议的解决途径

消费者与经营者之间发生了因商品质量造成消费者人身、财产损失而引发的纠纷时,根据《消费者权益保护法》可以寻求以下几种解决途径:

(1)与经营者协商和解;

(2)请求消费者协会调解;

(3)向有关行政部门申诉;

(4)根据与经营者达成的仲裁协议提请仲裁机构仲裁;

(5)向人民法院提起诉讼。

四、赔偿责任主体

根据《消费者权益保护法》,赔偿责任的主体主要有以下几种情形:

1. 生产者、销售者的赔偿责任

消费者或其他人因商品缺陷造成人身、财产损害的,可以向销售者要求赔偿,也可以向生产者要求赔偿。属于生产者责任的,销售者赔偿后,有权向生产者追偿;属于销售者责任的,生产者赔偿后,有权向销售者追偿。

2. 服务者的赔偿责任

消费者在接受服务时,合法权益受到损害的,可以向服务者要求赔偿。

3. 经营者组织变更后的赔偿责任

消费者在购买、使用商品或者接受服务时,合法权益受到损害,因原企业分离、合并的,可以向更变后承受其权利义务的企业要求赔偿。

4. 营业执照使用人或持有人的赔偿责任

使用他人营业执照的违法经营者提供商品或服务,损害消费者合法权益的,消费者可以向其要求赔偿,也可以向营业执照的持有人要求赔偿。

5. 展销会的举办者、参展单位、柜台出租者、承租者的赔偿责任

消费者在展销会、租赁柜台购买商品或者接受服务时合法权益受到损害的,可以向销售者或服务提供者要求赔偿;展销会结束后或者柜台租赁到期后,也可以向展销会的举办者、柜台的出租者要求赔偿;展销会的举办者、柜台出租者赔偿后,有权向销售者或服务者追偿。

6. 商品或服务的经营者、广告经营者的赔偿责任

消费者因经营者利用广告提供商品或服务,其合法权益受到损害的,可以向经营者要求赔偿。广告的经营者发布虚假广告的,消费者可以请求行政主管部门予以惩处。广告的经营者不能提供经营者真实名称、地址的,应当承担赔偿责任。

五、侵害消费者合法权益的法律责任

1. 民事责任

1)关于承担民事责任的一般规定

经营者提供商品或者服务有下列情形之一的,除《消费者权益保护法》另有规定外,应当依照《中华人民共和国产品质量法》和其他有关法律、法规的规定,承担民事责任:

(1)商品存在缺陷的;

(2)不具备商品应当具备的使用性能而出售时未作说明的;

(3)不符合在商品或者其包装上注明采用的商品标准的;

(4)不符合商品说明、实物样品等方式表明的质量状况的;

(5)生产国家明令淘汰的商品或者销售失效、变质的商品的;

(6)销售的商品数量不足的;

(7)服务的内容和费用违反约定的;

(8)对消费者提出的修理、重作、更换、退货、补足商品数量、退还货款和服务费用或者

赔偿损失的要求,故意拖延或者无理拒绝的;

(9)法律、法规规定的其他损害消费者权益的情形。

2)侵犯人身权利的民事责任的特殊规定

(1)经营者提供商品或者服务,造成消费者或者其他受害人人身伤害的,应当支付医疗费、治疗期间的护理费、因误工减少的收入等费用,造成残疾的,还应当支付残疾者生活自助具费、生活补助费、残疾赔偿金以及由其扶养的人所必需的生活费等费用。

(2)经营者提供商品或服务,造成消费者或其他受害人死亡,应当支付丧葬费、死亡赔偿金以及由死者生前抚养的人所必须的生活费用。

(3)经营者侵害消费者的人格尊严或者侵犯消费者人身自由的,应当停止侵害、恢复名誉、消除影响、赔礼道歉,并赔偿其损失。

(4)经营者提供商品或者服务,造成消费者财产损害的,应当按照消费者的要求,以修理、重作、更换、退货、补足商品数量、退还货款和服务费用或者赔偿损失等方式承担民事责任。消费者与经营者另有约定的,按照约定履行。

(5)对国家规定或者经营者与消费者约定包修、包换、包退的商品,经营者应当负责修理、更换或者退货。在保修期内两次修理仍不能正常使用的,经营者应当负责更换或者退货。

(6)对包修、包换、包退的大件商品,消费者要求经营者修理、更换、退货的,经营者应当承担运输等合理费用。

(7)经营者以邮购方式提供商品的,应当按照约定提供。未按照约定提供的,应当按照消费者的要求履行约定或者退回货款;并应当承担消费者必须支付的合理费用。

(8)经营者以预收款方式提供商品或者服务的,应当按照约定提供。未按照约定提供的,应当按照消费者的要求履行约定或者退回预付款;并应当承担预付款的利息、消费者必须支付的合理费用。

2. 行政责任

经营者有下列情形之一,《中华人民共和国产品质量法》和其他有关法律、法规对处罚机关和处罚方式有规定的,依照法律、法规的规定执行;法律、法规未作规定的,由工商行政管理部门责令改正,可以根据情节单处或者并处警告、没收违法所得、处以违法所得一倍以上五倍以下的罚款,没有违法所得的处以一万元以下的罚款;情节严重的,责令停业整顿、吊销营业执照:

(1)生产、销售的商品不符合保障人身、财产安全要求的;

(2)在商品中掺杂、掺假,以假充真,以次充好,或者以不合格商品冒充合格商品的;

(3)生产国家明令淘汰的商品或者销售失效、变质的商品的;

(4)伪造商品的产地,伪造或者冒用他人的厂名、厂址,伪造或者冒用认证标志、名优标志等质量标志的;

(5)销售的商品应当检验、检疫而未检验、检疫或者伪造检验、检疫结果的;

(6)对商品或者服务作引人误解的虚假宣传的;

(7)对消费者提出的修理、重作、更换、退货、补足商品数量、退还货款和服务费用或者赔偿损失的要求,故意拖延或者无理拒绝的;

(8)侵害消费者人格尊严或者侵犯消费者人身自由的;

(9)法律、法规规定的对损害消费者权益应当予以处罚的其他情形。

3. 刑事责任

(1)经营者提供商品或服务,造成消费者或其他受害人人身伤害或死亡,构成犯罪的,依法追究刑事责任。

(2)以暴力、威胁等方法阻碍有关行政部门工作人员依法执行职务的,依法追究刑事责任。

(3)国家机关工作人员玩忽职守或者包庇经营者侵害消费者合法权益的行为,情节严重,构成犯罪的,依法追究刑事责任。

案例分析

1. 吴先生从一家汽车销售公司购买了一辆轿车,不久发现这辆车是旧车改装的,于是向汽车销售公司提出更换新车。销售公司不同意,提出以二手车回购,遭到吴先生拒绝。于是,吴先生以欺诈为由起诉销售公司,要求按照《消费者权益保护法》的有关规定给予2倍赔偿。开庭审理时,销售公司认为:汽车属于奢侈消费品,不属于生活消费,应按照一般买卖合同处理,不适用《消费者权益保护法》规定。而吴先生认为:购买汽车的目的是用于生活需要,而不是营利,所以应当按照《消费者权益保护法》的有关规定处理。

请问:

汽车销售公司的理由成立吗?为什么?

2. 2007年2月,张女士花13.8万元从某汽车公司购买了一辆轿车。后张女士发现该车辆因被划伤,曾于同年1月17日进行过维修。张女士起诉,要求汽车公司双倍赔偿。

请问:

你认为张女士的要求是否合理?为什么?

3. 2007年9月,孙某驾驶北京某汽车公司生产的轿车行驶时,与一货车相撞,轿车主、副气囊均未打开,孙某和乘车人艾先生受伤。后伤者要求汽车公司予以赔偿。

请问:

你认为汽车公司是否应该给予孙某赔偿?为什么?

4. 2011年2月,段某的汽车发生交通事故报险后,将车送至某汽车公司定损维修。因修理报价过高,保险公司将车辆的理赔方式定为全损,不再修理。因保险公司和汽车公司有合作协议,约定汽车公司协助保险公司开展定损业务。汽车公司收取段某1.9万余元拆解报价费。段某要求返还该费用。

请问:

段某的要求是否合理,为什么?

课题三 广 告 法

一、广告及广告法概述

1. 广告的概念

广告最先来源于拉丁文,其意思是注意、诱导、传播。到了中古英语时代,其含义演化为"使某人注意到某事"或"通过别人某件事,以引起他的注意"。直到17世纪末,英国开始进行大规模的商业活动。这时,广告一词便广泛地流行并被使用。

美国广告协会对广告的意义是:广告是付费的大众传播,其最终目的为传递情报,改变人们对广告商品之态度,诱发其行动而使广告主得到利益。

广告的构成需要具备以下4个方面要素:

(1) 广告主。即自行或委托他人设计、制作、发布广告的企事业单位、机关、团体或公民,是广告活动的主体。

(2) 广告信息。即广告的内容,广告的内容包括商品、劳务、服务、促销以及其他信息。

(3) 广告媒介或形式。广告的信息传递需要依托一定的载体。广告媒介是广告信息传递的工具,一切能刊载广告作品的物质或形式都是广告媒介。如图8-14所示。

(4) 广告费用。即设计、制作、发布广告的费用。广告活动是一种经济活动,付费则是广告经济性质的主要标志。

图8-14 汽车广告

小知识:

广告费用是广告与其他信息传播相区分的主要依据。例如,1984年美国总统里根访华,按惯例应在人民大会堂宴会厅举行的贵宾答谢宴会改在刚开业不久的长城饭店举行。之后,长城饭店的名字随着这次答谢宴会的新闻报道一起传遍了世界各地。这是一次成功的企业营销活动,但不是广告活动。因为长城饭店并未交付广告费给各新闻媒介单位,只是利用新闻报道获取了广告效果。

2. 广告的分类

广告的内容十分广泛,由于分类的标准不同和看问题角度差异性,使得广告的种类也很多,主要分类有:

(1) 以传播媒介为标准,广告可以划分为:报纸广告、杂志广告、电视广告、电影广告、网络广告、包装广告、广播广告、招贴广告、POP广告、交通广告、直邮广告、车体广告、门票广告和餐盒广告等。随着新媒介的不断增加,依媒介划分的广告种类也会越来越多。

(2) 以内容为标准,广告可以划分为:产品广告、品牌广告、观念广告和公益广告等。

(3) 以目的为标准,广告可以划分为:告知广告、促销广告、形象广告、建议广告、公益广告和推广广告等。

(4) 以广告策略为标准,广告可以划分为:单篇广告、系列广告、集中型广告、反复广告、营销广告、比较广告和说服广告等。

(5) 表现手法为标准,广告可以划分为:图像广告、文字设计广告、幽默广告、人物肖像广告和视听广告等。

(6) 以广告传播范围为标准,广告可以划分为:国际性广告、全国性广告、地方性广告和区域性广告等。

(7)以广告传播对象为标准,广告可以划分为消费广告和企业广告。

(8)以广告主为标准,广告可以划分为:一般广告和零售广告。

虚假广告的危害如图8-15所示。

3.广告法的概念和体系

关于广告法的概念,我国法学界还没有一个权威的定义,通常情况下,广告法有广义和狭义之分,狭义的广告法是国家立法机关依照一定的法律程序所制定的专门调整广告活动的法律,即广告法典,特指《中华人民共和国广告法》法典。广义的广告法是指用来调整广告管理、广告活动的强制性行为规范的总称。广义的广告法除了《广告法》以外,还包括了国务院及有关主管部门制定和颁布的广告管理的行政法规和规章,以及地方性法规、规章等等。

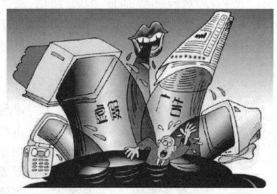

图8-15 虚假广告的危害

中国广告法制体系是以《广告法》为核心和主干,以《广告管理条例》为必要补充、以国家工商局单独或会同有关部门制定的行政规章和规定为具体操作依据、以地方行政规定为实际针对性措施、以行业自律规则为司法行政措施的重要补充的多层次法制体系。它包括《广告法》、《广告管理条例》、20多项部门行政规章和规定以及具此制定的一些地方性行政规定等等,内容纷繁复杂,涉及面十分广泛。在这个法制体系中,广告法具有最高效力,是广告管理的依据和准绳。

4.广告法的调整对象

广告法作为一个独立的法律部门,有着其特定的调整范围和调整对象。广告法的调整对象是广告关系,包括两大类关系:

(1)横向关系。即广告主、广告的经营者和发布者在进行广告活动的过程中相互间发生的民事法律关系。这些关系通常具有自愿、平等、等价、有偿的特点,主要体现为广告合同关系。

(2)纵向关系。即广告管理关系,是指国家广告管理机关依法对广告活动的全过程实施管理的过程中与广告主、广告的经营者和发布者之间存在的行政法律关系。包括广告审查和广告监督两方面的内容。广告审查和广告监督有利于保证广告的质量、维护消费者合法权益和维护正常的经济秩序。

二、广告准则

广告准则是指发布广告的基本标准和要求。广告准则是一切广告都应当遵守的发布标准,是判断广告能否发布的依据。广告准则是对广告发布形式和内容的限制和要求,包括所有广告都应遵守的一般准则和对特殊商品适用的特殊准则。

1.广告内容的一般准则

1)广告内容必须真实

广告内容应真实地、客观地传播有关商品或服务的信息,不得欺骗受众,或对受众产生误导。广告的真实性主要表现在以下几个方面：

(1)商品的质量、价格、生产者、产地及承诺必须具有真实性；

(2)对服务的形式、质量、内容、价格、承诺要真实；

(3)广告中表明推销商品、提供服务附带赠送礼品的,应当标明赠送的品种和数量；

(4)广告使用数据、统计资料、调查结果、文摘、引用语应当真实、准确并表明出处。

2)广告内容必须准确、清晰

广告中传递的有关商品或服务的信息应当准确无误、清楚明白,不能含糊其辞或者模棱两可(图8-16)。如在广告中对商品的性能、产地、用途、质量、价格、生产者、有效期限、允诺或者对服务的内容、形式、质量、价格、允诺有表示的,应当清楚明白；广告中表明推销商品、提供服务附带赠送礼品的,应当表明赠送的品种和数量。

图8-16　虚假广告

3)广告内容必须合法

我国《广告法》中规定：广告内容应当有利于人民的身心健康,促进商品和服务质量的提高,保护消费者的合法权益,遵守社会公德和职业道德,维护国家的尊严和利益。并明确列出了以下几条禁止性规定：

(1)禁止使用中华人民共和国国旗、国徽、国歌；

(2)禁止使用国家机关和国家机关工作人员的名义；

(3)禁止使用国家级、最高级、最佳等用语；

(4)禁止妨碍社会安定和危害人身、财产安全、损害社会公共利益；

(5)不得妨碍社会公共秩序和违背社会良好风尚；

(6)禁止含有淫秽、迷信、恐怖、暴力、丑恶的内容；

(7)禁止含有民族、种族、宗教、性别歧视的内容；

(8)禁止妨碍环境和自然资源保护；

(9)不得贬低其他生产经营者的商品或者服务；

(10)不得使用法律、行政法规规定禁止的其他情形。

案例分析

1.新POLO广告涉嫌歧视地铁族

2006年,在北京西单站台隧道的墙壁曾悬挂着12幅上海大众POLO新车"劲取"、"劲情"的大幅广告(8-17),广告语上写着"记得在末班地铁前结束PARTY！毕竟,你还没有买POLO劲情。""明天继续挤地铁？还是开着POLO劲取,在众人美慕的光中扬长而去……""有人闷在地下室等地铁,有人开着POLO劲取,走自己想走的路……"。正是这些带着挑衅味的广告语言,让新POLO陷入了广告争议的泥潭。一时间,网上关于上海大众发布了不恰当的广告,广告贬损地铁族的呼声蜂拥而起来。在悬挂了数日并惹恼"地铁族"而引发争议之后,该汽车广

图8-17　POLO广告

告被悄然撤下。

请问：

你认为大众POLO的广告违反了广告法的哪些规定？

2. 立邦漆广告

2004年，一则立邦漆《龙篇》广告在网上引起轩然大波。这则广告上是一个中国古典式样的亭子，两根立柱上分别盘旋了一条金龙，左边一条龙盘旋向上；而右边那条龙和柱子颜色却很光亮，可是这条龙却从柱子上滑了下来。该广告引发众怒："我们中华民族的象征——神圣威武不可侵犯的中国龙！中国龙在这里扮演了一个小丑，一个不光彩、受欺负的角色！"

请问：

立邦漆违反了广告法的哪些规定？

2. 广告形式的一般准则

1）广告应当具有可识别性

广告应在形式上具有可识别性。通过大众传播媒介发布的广告应当有广告标记与其他非广告信息相区别，不得使消费者产生误解。特别是利用电视、广播、杂志、报纸等大众传播媒体发布广告时，必须有专门的标记作为提示，以便广大消费者将广告与新闻区别开。

2）大众传媒不得以新闻的形式发布广告

以新闻报道的形式发布的广告为新闻广告，它混淆了新闻和广告的界限，使新闻商品化，损害了新闻固有的客观、中立性，影响了新闻事业的健康发展，因而应当予以禁止。

三、广告活动

1. 广告活动特征

广告是广告主为了促销或树立品牌、宣传企业形象等目的而自己或委托他人设计、制作广告，并通过广告经营者、发布者传播广告。在这个过程中，广告主、广告经营者、广告发布者设计、制作、发布的一系列行为就是广告活动。其主要特点如下：

(1) 广告活动的主体是广告主、广告经营者和广告发布者；

(2) 广告活动的性质是民事活动；

(3) 广告活动是法律行为，广告活动主体必须依法进行活动。

2. 广告活动规范

广告活动规范的基本内容包括广告活动主体的义务、禁止发布广告的商品和服务以及户外广告三个方面。

1）广告活动主体的义务

(1) 依法订立广告合同。广告合同是广告活动主体之间从事广告活动时，为实现一定的目的、明确相互间权利义务而订立的协议。订立广告合同必须符合法律、法规的规定。此外，为了避免广告纠纷和加强对广告活动的监督管理，订立广告合同必须采用书面形式。同时，订立广告合同时应明确各方面的权利和义务。

(2) 禁止不正当竞争。不正当竞争是指经营者损害其他经营者合法权益、扰乱社会经济秩序的行为。我国《反不正当竞争法》对不正当竞争的行为作出了规定，任何广告活动主题不得从事不正当竞争，其广告内容也不得包含任何不正当竞争的内容。

(3)遵守工商登记管理制度。广告主、广告经营者和广告发布者从事广告活动必须遵守国家工商登记管理的相关制度和要求。对此,《广告法》从两个方面作了要求:第一,不得超出经营范围。第二,具有合法的经营资格和进行工商登记。

(4)确保广告及相关活动的真实、合法、有效。《广告法》规定:广告主具有提供法定证明文件的义务和受广告发布者审核的义务。广告主自行或者委托他人设计、制作、发布广告,应当具有或者提供真实、合法、有效证明文件。广告经营者、广告发布者依据法律、行政法规查验有关证明文件,核实广告内容。对内容不实或者证明文件不全的广告,广告经营者不得为其提供设计、制作、代理服务,广告发布者不得发布。

(5)不得在广告中擅自使用他人的名义和形象。公民的名义和肖像是受法律保护的,任何人未经同意不得擅自使用他人的名义和形象,而无论是否用于商业目的。在广告中擅自使用他人名义和形象是侵权行为,要承担法律责任。如图8-18所示。

图8-18 侵犯肖像权

(6)建立、健全内部管理制度。广告经营者、广告发布者应当按照国家有关规定,建立、健全广告业务的承接登记、审核、档案管理制度。广告经营者和广告发布者只有依法建立、健全内部的广告业务管理制度,才能有序开展经营活动,这也有利于国家执法机关对其进行有效监督。

(7)广告收费公开、合理。广告活动是一种有偿的民事活动,广告经营者、广告发布者接受广告主的委托后制作、发布广告要收取一定的费用。由于广告活动是一种民事活动,因而广告费用的定价应当由当事人自己决定。广告费用应当合理、公开。

2)禁止发布广告的商品和服务

《广告法》对设计广告、制作广告、发布广告作了两项禁止性的规定:

(1)法律、行政法规规定禁止生产、销售的产品或者提供的服务不得设计、制作、发布广告。

(2)法律、行政法规规定禁止发布广告的商品或者服务,不得设计、制作、发布广告。

3)户外广告

户外广告是指一切在露天场所或者公共空间设置的广告。其主要有两方面特征:第一,设置在露天场所或者公共空间。即户外广告设置在公民、法人或者其他组织住所的内部空间之外。第二,载体和表现形式具有多样性。户外广告可以设置在交通工具、建筑物等多种载体之上,表现形式包括霓虹灯、电子显示牌、橱窗、灯箱、实物模型、条幅、起球等多种方式,如图8-19所示。

户外广告作为一种特殊形式的广告,其对于户外的周围环境有一定的影响,如果设置不当,可能会影响人们正常的生产生活,破坏市容、市貌,扰乱正常的生产、生活秩序。因此,我国《广告法》对户外广告作出了如下规定:

(1)不得利用交通安全设施、交通标志进行户外广告活动;

(2)从事户外广告活动不得影响市政公共设施、交通安全设施、交通标志的使用;

(3)从事户外广告活动不得妨碍生产或者人民生活,损害市容、市貌;

(4)从事户外广告活动不得在国家机关、文物保护单位和名胜风景点的建筑控制地带内进行;

(5)不得在当地县级以上地方人民政府禁止设置户外广告的区域从事广告活动。

四、广告审查与法律责任

1. 广告审查的含义和内容

广告审查是指广告经营者、广告发布者在承办广告业务中依据广告管理法规的规定,在广告

图8-19 韩国双龙汽车户外广告

发布之前检查、核对广告是否真实合法,并将检查、核对情况和检查结论、意见记录在案,以备查验的活动。广告审查的内容主要包括两个方面:

1)对广告主的主体资格的审查

广告审查机关首先要求广告主提交营业执照和其他生产、经营资格的证明文件。这也是审查广告主是否是合法组织,其有无与其广告相关的权利能力和行为能力。广告是否合法必须以广告主的合法资格为前提和条件。只有当广告主出示了经国家工商行政管理机关核准登记的拥有生产、经营某种商品后者提供某种服务的营业执照,并根据自己要求发布的广告提供其与营业执照上核定的生产、经营范围相一致的证明后,广告审查机关对广告主的主体资格的审查才算完成。

2)对广告内容及其表现形式的审查

主要是审查广告内容与客观事实是否相符,有无随意虚构和隐瞒真相,尤其是对一些设计质量标准的和一时难以证明广告内容真实性的商业广告,还要要求出示由质量检验机构对广告中有关商品质量内容所出具的证明文件和确认广告内容真实性的其他证明文件。除了对广告内容真实性审查之外,还要对表现广告内容的语言文字、画面、声音等广告表现形式进行审查,以保证广告表现形式与广告内容相符且真实。

2. 广告审查的方法

(1)广告审查机关事先审查;

(2)广告经营者和广告发布者事先审查;

(3)广告行政管理机关在广告发布后的审查和监测。

3. 广告审查的程序

1)承接登记

广告经营者接受广告主提出的广告审查申请时,首先要进行登记,对广告主的一些基本情况,如姓名、地址、广告内容及其表现形式进行登记,并按照广告法规的相关规定,向广告主收取广告主的主体资格证明和广告内容及其表现形式真实性的证明材料。

2)初审

完成承接登记后,广告审查人员开始初审工作,把广告内容及其表现形式与广告主所

提供的各种证明文件或材料一一进行对照,按照广告法规进行全面审查。审查完成后,广告审查人员应提出初审意见,交复审人员进行复审。

3)复审

初审完成后,广告业务负责人应对广告审查人员的初审意见进行复审,并根据复审结果提出复审意见。根据复审意见,决定是否准予进行该广告的代理或发布。

4)建立广告业务档案

广告审查完成后,有关承接登记、初审、复审全部过程的记录材料应进行归档,以备查验。

4. 法律责任

1)广告的违法行为

广告的违法行为是指违反广告管理法律法规,危害社会的行为。通常情况下,广告的违法行为主要分为以下几种:

(1)广告行为具有违法性。即广告行为违反了广告管理法律、法规,侵害了广告管理和广告营销的秩序;

(2)广告主体的违法行为。包括广告主、广告经营者、广告发布者以及广告活动监督、审查者等;

(3)广告行为表现的故意或过失行为。

在汽车营销广告活动中,广告违法行为主要包括以下几个方面:

(1)发布虚假广告行为。虚假广告即利用广告对商品或者服务的品质或功效等作虚假宣传。虚假广告违反了《广告法》中对于广告"真实性"的要求。

(2)违反广告基本准则的行为。如,使用了《广告法》中禁止的内容。

(3)违反了广告审查规定的行为。主要有提供虚假证明文件,伪造、编造、转让广告审查决定文件以及广告审查人员批准违法广告等行为。

(4)虚假广告之外的违法广告侵权行为。主要包括广告主、广告经营者、广告发布者实施的下列行为:在广告中损害未成年人或者残疾人的身心健康的;假冒他人专利的;贬低其他生产经营者的商品或者服务的;广告中未经同意使用他人名义、形象的;其他侵犯他人合法民事权益的。

(5)广告行政违法行为。主要指广告监督管理机关和广告审查机关的工作人员玩忽职守、滥用职权、徇私舞弊的行为。

2)法律责任的形式和种类

法律责任的形式和种类主要有行政、民事和刑事三种责任形式。

(1)行政责任。行政责任是指广告活动主体作为广告管理法律关系的相对人,在进行广告活动时违反广告管理法律法规的规定所承担的法律后果。《广告法》规定,对违反广告管理法规的广告活动主体,由工商行政管理机关追究其行政法上的责任,视情节轻重,给予不同的行政处罚。广告行政处罚的种类有以下几种:

①责令停止发布广告;

②责令公开更正;

③罚款;

④没收广告费用;
⑤停止广告业务;
⑥民事责任。

(2)民事责任。是指广告活动主体在违反合同义务或实施了侵权行为的情况下所承担的法律后果。《广告法》中明确规定:

①广告主对虚假广告承担民事责任;

②广告经营者、发布者在明知广告虚假仍然设计、制作发布的应当承担连带责任;

③广告经营者、广告发布者不能提供广告主的真实姓名、地址的,应当承担全部民事责任;

④社会团体或者其他组织,在虚假广告中向消费者推荐商品或者服务,使消费者的合法权益受到损害的,应当依法承担连带责任。

(3)刑事责任。刑事责任即广告活动主体实施的广告违法行为情节严重,构成了犯罪,依照《中华人民共和国刑法》(以下简称《刑法》)的规定所应承担的法律后果。《广告法》规定:

①虚假广告侵权行为、广告中使用国家机关和国家机关工作人员名义的行为、伪造、变造或者转让广告审查决定文件的行为,情节严重,构成犯罪的,依照《刑法》的规定追究刑事责任。

②广告审查机关对违法的广告内容作出审查批准决定的,对直接负责的主管人员和其他直接责任人员,由其所在单位、上级机关、行政监察部门依法给予行政处分。广告监督管理机关和广告审查机关的工作人员玩忽职守、滥用职权、徇私舞弊的,给予行政处分。构成犯罪的,依法追究刑事责任。

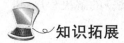

知识拓展

问责名人代言虚假广告

问责名人代言虚假广告,一直是社会及公众的期待。用法律的形式给予名人代言虚假广告以刑事责任,这也彰显法制的正义力量,是一种社会进步。

诚然,名人代言广告可以通过名人效应来提升产品的公信力和影响力,从而加快产品的销售,提升市场占有率,获得可观的商品利润。现实的经济生活中,一方面一些名人只问酬金不问产品品质而轻易作代言人,以致将问题产品来误导公众;另一方面,消费者过分迷信广告的名人代言人,造成被名人代言的问题产品在市场中泛滥成灾。

我国对名人代言广告的行为还存在着法律制度缺陷。现行的广告法里对虚假广告的处罚规定中没有指明代言人应承担责任,这无疑造成一些名人代言广告可以不负责地吹嘘产品品质,带给消费者的是误导,甚至是生命的代价。

从国外对名人代言的相关制度来看,在美国,形象代言人广告必须有"证言广告"和"明示担保",意思就是明星们必须是其所代言产品的直接受益者和使用者,否则就会被重罚。美国摇滚巨星杰克逊曾为百事可乐做广告,但有人发现他根本不喝汽水后,一时间他被公众列为知名度高却被普遍讨厌的人物。

项目九　汽车营销争议的解决

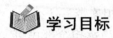 学习目标

完成本项目学习后,你应能:
1. 根据《中华人民共和国仲裁法》,熟悉仲裁的应用范围及基本原则;
2. 能说出仲裁机构与仲裁协议的类型;
3. 熟悉仲裁程序的各个概念与步骤;
4. 能区分民事诉讼的地域管辖与级别管辖;
5. 能说出当事人与诉讼代理人的相关概念及权利义务;
6. 能够解释审批程序中的普通程序、第二审程序、审判监督程序与执行程序;
7. 能够应用《中华人民共和国仲裁法》、《中华人民共和国诉讼法》解决实际案例。

 建议课时:8课时。

在市场经济中,交易主体为了维护自身的利益,往往会出现双方意见不能达成一致的现象,而解决争议的方式往往有协商、调节、仲裁与诉讼。在实际操作中,仲裁与诉讼是相对有效的两条途径。熟悉《中华人民共和国仲裁法》与《中华人民共和国诉讼法》的适用范围、基本原则;掌握《中华人民共和国仲裁法》与《中华人民共和国诉讼法》的解决程序,可最大限度保护当事人的合法权益。

课题一　仲　裁　法

一、仲裁的概念及适用范围

1. 仲裁的概念

仲裁是指纠纷当事人在自愿基础上达成协议,将纠纷提交非司法机构的第三者审理,由第三者作出对争议各方均有约束力的裁决的一种解决纠纷的制度和方式。仲裁在性质上是兼具契约性、自治性、民间性和准司法性的一种争议解决方式。仲裁具有自愿性、专业性、灵活性、保密性、快捷性、经济性、独立性等特点。

我国于1994年8月31日通过了《中华人民共和国仲裁法》,自1995年9月1日起施行。

2. 仲裁的适用范围

仲裁的适用范围是指哪些纠纷可以通过仲裁解决,哪些纠纷不能以仲裁来解决,这就是我们通常讲的"争议的可仲裁性"。根据《中华人民共和国仲裁法》第二、三条的规定,平

等主体的公民、法人和其他组织之间发生的合同纠纷和其他财产权益纠纷,可以仲裁。仲裁法明确了三条原则:

(1)发生纠纷的双方当事人必须是民事主体,包括国内外法人、自然人和其他合法的具有独立主体资格的组织。

(2)仲裁的争议事项应当是当事人有权处分的。

(3)仲裁范围必须是合同纠纷和其他财产权益纠纷。合同纠纷是在经济活动中,双方当事人因订立或履行各类经济合同而产生的纠纷,包括国内、国外平等主体的自然人、法人以及其他组织之间的国内各类经济合同纠纷、知识产权纠纷、房地产合同纠纷、期货和证券交易纠纷、保险合同纠纷等,还包括涉外的,涉及香港、澳门和台湾地区的经济纠纷,以及涉及国际贸易、国际代理、国际投资、国际技术合作等方面的纠纷。其他财产权益纠纷,主要是指由侵权行为引发的纠纷,这在产品质量责任和知识产权领域的侵权行为见之较多。

需要指出的是婚姻、收养、监护、抚养、继承纠纷不能仲裁。这类纠纷往往涉及当事人本人不能自由处分的身份关系,需要法院做出判决或由政府机关做出决定,不属仲裁机构的管辖范围。行政争议也不能仲裁。行政纠纷是指国家行政机关之间,或者国家行政机关与企业事业单位,社会团体以及公民之间,由于行政管理而引起的争议。外国法律规定这类纠纷应当依法通过行政复议或行政诉讼解决。

二、《仲裁法》的基本原则和基本制度

1.《仲裁法》的基本原则

1)自愿原则

仲裁之所以被民商事纠纷的当事人普遍接受,正是由于它有着有别于诉讼的自主性特征。自愿原则是仲裁制度中的基本原则,它是仲裁制度赖以存在与发展的基础,主要体现在以下几个环节:

(1)以仲裁的方式解决纠纷,出于当事人双方的共同意愿。仲裁机构受理案件来源于当事人双方的共同授权,仲裁机构不能受理没有书面仲裁协议(含仲裁条款)的仲裁申请。

(2)向哪个仲裁机构提请仲裁,由当事人双方协商选定。当事人在选择、约定仲裁机构时,不因当事人所在地、纠纷发生地在何处而受到地域管辖的限制;也不因争议标的额的大小、案件的复杂程度如何而受到级别管辖的制约。

(3)组成仲裁庭的仲裁员由当事人在仲裁员名册中自主选定,也可以委托仲裁委员会主任代为指定,仲裁庭的组成形式也可以由当事人约定。

(4)当事人将哪些纠纷交付仲裁,可以由当事人自主协商确定。当事人既可以约定把因履行合同所产生的所有争议均交由仲裁解决,也可以约定将某项或某几项争议交付仲裁。对于仲裁机构来说,也应当尊重当事人的选择,对当事人在协议中没有交由自己处理的争议,则不能主动审理和裁决。

(5)在开庭和裁决的程序中,当事人还可以约定审理方式、开庭形式等有关的程序事项。

2)仲裁独立的原则

仲裁独立,是指从仲裁机构的设置到仲裁纠纷的整个过程,都依法具有独立性。仲裁法确立的仲裁独立的原则,是我国仲裁制度发展完善的一个里程碑。仲裁独立主要表现在以下几个方面:

(1)仲裁与行政机构脱钩。仲裁委员会独立于行政机关,与行政机关没有隶属关系。这有利于我国的仲裁真正做到具有公正性、权威性。

(2)仲裁组织体系中的仲裁协会、仲裁委员会和仲裁庭三者之间相对独立。作为社会团体的中国仲裁协会,属于仲裁委员会的自律性组织。仲裁委员会是按地域分别设立的,相互之间无高低之分,无上下级之分,相互之间没有隶属关系,相互独立。同时仲裁庭对案件独立审理和裁决,仲裁委员会不能干预。法院对仲裁裁决虽然有着必要的监督,但并不意味着仲裁附属于法院。正如仲裁法规定:"仲裁依法独立进行,不受行政机关、社会团体和个人的干涉。"

3)根据事实、符合法律规定、公平合理解决纠纷的原则

此项原则是公正处理民事经济纠纷的根本保障,是解决当事人之间的纠纷所应当依据的基本准则,主要表现在以下几方面:

(1)根据事实,就是在仲裁审理过程中,要全面、深入、客观地查清与纠纷有关的事实情况,包括纠纷的发生原因、发展过程、现实状况以及争议各方的争执所在。

(2)符合法律规定,即仲裁庭在查清事实的基础上,应当根据法律的有关规定确认当事人各方的权利与义务,确定承担赔偿责任的方式以及赔偿数额的大小。

(3)公平合理主要有两层含义:

①仲裁庭在进行仲裁活动时,必须保持中立,处于公正的第三方立场,对待双方当事人一律平等,公平合理地作出裁决。

②仲裁作为解决民商事纠纷的法定方式之一,在仲裁中所适用的法律对有关争议的处理未作明确规定时,可以参照采用在经济贸易活动中被人们普遍接受的做法,即经济贸易惯例或者行业惯例来判别责任。只要仲裁员本着公平合理的精神审理案件,当事人也认为裁决公平合理,能满足不同当事人的正当要求,即使部分事实未查清,或未依法律而依贸易惯例或行业惯例而做出裁决,也会得到承认和执行。这是仲裁与诉讼的一个显著区别,也是仲裁优越性的具体体现。

2.《中华人民共和国仲裁法》的基本制度

1)协议仲裁制度

仲裁协议是仲裁委员会受理案件的依据,是仲裁委员会行使管辖权的前提。没达成书面仲裁协议,就不能仅凭单方面的意愿来通过仲裁这种方式解决纠纷。

2)或裁或审制度

仲裁和诉讼是当事人解决争议纠纷的两种途径,但是仲裁与诉讼只能选择其中一种,即当事人达成书面仲裁协议的,应当依照协议向仲裁委员会申请仲裁,不能向法院起诉。因为当事人的有效的仲裁协议,人民法院的管辖权因此而被解除。只有在没有仲裁协议或者仲裁协议无效、异或当事人放弃仲裁协议的情况下,法院才可以行使管辖权。

3)一裁终局制度

仲裁裁决做出即发生法律效力。当事人对裁决不服也不能再就同一纠纷向人民法院

起诉,也不能再向仲裁委员会申请仲裁(包括向仲裁委员会申请复议)。有两种情形例外:一是仲裁裁决被人民法院撤销;二是人民法院不予执行仲裁裁决。

三、仲裁机构与仲裁协议

1. 仲裁机构

1)仲裁委员会

仲裁委员会是组织进行仲裁工作,解决经济纠纷的事业单位法人。根据《中华人民共和国仲裁法》第10条的规定,仲裁委员会可以在直辖市和省、自治区人民政府所在地的市设立,也可以根据需要在其他设区的市设立,不按行政区划层设立。仲裁委员会由可以设立仲裁委员会的市的人民政府组织有关部门和商会统一组建,并经省、自治区、直辖市的司法行政部门登记。

2)仲裁协会

仲裁协会是社会团体法人。中国仲裁协会实行会员制。各仲裁委员会是中国仲裁协会的法定会员。中国仲裁协会是仲裁委员会的自律性组织,对仲裁委员会及其组成人员,仲裁员的违纪行为进行监督。

2. 仲裁协议

双方当事人自愿将他们之间已经发生或者可能发生的争议提交仲裁解决的协议就是仲裁协议。仲裁协议是仲裁的前提,没有仲裁协议,就不存在有效的仲裁。

1)仲裁协议的类型

《中华人民共和国仲裁法》第16条规定:仲裁协议包括合同中订立的仲裁条款和以其他书面形式在纠纷发生前或者纠纷发生后达成的请求仲裁的协议。仲裁协议常见的三种类型见表9-1。

仲裁协议的三种类型　　　　　表9-1

仲裁条款	仲裁实践中最常见的仲裁协议的形式。双方当事人在签订的合同中订立的,将今后可能因该合同所发生的争议提交仲裁的条款。仲裁条款主要适用于争议发生之前。通过签订仲裁条款,当事人可以预先设定一种纠纷解决机制,即一旦将来发生了因本合同或与本合同有关的争议,只能通过仲裁方式加以解决。除了订立于合同中的仲裁条款,双方当事人在补充合同、协议或备忘录中对仲裁意思表示的修改或补充,也构成合同中仲裁条款的一部分
仲裁协议书	指在争议发生之前或争议发生之后,双方当事人在自愿的基础上订立的,同意将可能发生或已经发生的争议提交仲裁的一种独立的协议。仲裁协议书是独立于合同而存在的契约,是将订立于该仲裁协议书中的特定争议事项提交仲裁意思的表示
其他有关书面文件中包含的仲裁协议	在民事经济往来中,当事人除了通过订立合同等方式达成仲裁协议,也存在以信函、电报、电传、传真、电子数据交换、电子邮件等方式进行往来并达成仲裁协议。这种类型的仲裁协议一般不集中表现在某一份文件中,而往往分散在当事人之间彼此多次往来的不同文件中

2）仲裁协议的内容

根据《中华人民共和国仲裁法》第16条的规定，仲裁协议应当包括下列内容：

（1）请求仲裁的意思表示；

（2）提交的仲裁事项；

（3）选定的仲裁委员会。

3）仲裁协议的法律效力

（1）对双方当事人的法律效力——约束双方当事人对纠纷解决方式的选择权。仲裁协议一经有效成立，双方当事人都受到他们所签订的仲裁协议的约束。

发生纠纷后，当事人只能通过向仲裁协议中所确定的仲裁机构申请仲裁的方式解决该纠纷，而不能把该纠纷向法院提起诉讼。如果一方当事人违背仲裁协议，就仲裁协议规定范围内的争议事项向法院起诉，另一方当事人有权在首次开庭前，依据仲裁协议要求法院停止诉讼程序，法院也应当驳回当事人的起诉。如图9-1所示。

（2）对法院的法律效力——排除法院的司法管辖权。《中华人民共和国仲裁法》第5条明确规定："当事人达成仲裁协议后，单方向人民法院起诉的，人民法院不予受理，但仲裁协议无效的除外。"可见，有效的仲裁协议可以排除法院对订立于仲裁协议中的争议事项的司法管辖权。

图9-1 仲裁委员会及人民法院

（3）对仲裁机构的法律效力——授予仲裁机构仲裁管辖权并限定仲裁的范围。《中华人民共和国仲裁法》第4条规定：没有仲裁协议，一方申请仲裁的，仲裁委员会不予受理。这指明没有仲裁协议就没有仲裁机构对仲裁案件的仲裁管辖权。仲裁机构的管辖权又受到仲裁协议的严格限制，即仲裁庭只能对当事人在仲裁协议中约定的争议事项进行仲裁，而对仲裁协议约定范围以外的其他争议无权仲裁。

4）仲裁协议无效的法定情形

《中华人民共和国仲裁法》规定，仲裁协议在下列情形下无效：

（1）以口头方式订立的仲裁协议无效；

（2）约定的仲裁事项超出法律规定的仲裁范围，仲裁协议无效；

（3）无民事行为能力人或者限制民事行为能力人订立的仲裁协议无效；

（4）一方采取胁迫手段，迫使对方订立仲裁协议的，该仲裁协议无效；

（5）仲裁协议对仲裁事项没有约定或约定不明确，或者仲裁协议对仲裁委员会没有约定或者约定不明确，当事人对此又达不成补充协议的，仲裁协议无效。

四、仲裁程序

1. 仲裁主体

1）仲裁当事人

仲裁当事人是指依据仲裁协议，以自己的名义参加仲裁程序，并受仲裁裁决约束的公民、法人或其他组织。仲裁当事人的特点主要有：

（1）当事人的法律地位是平等的；

（2）当事人之间必须订有有效的仲裁协议；

（3）当事人之间的纠纷必须具有可仲裁性；

（4）仲裁当事人有其特定的称谓。

依法向仲裁委员会提出仲裁申请的人，被称为仲裁申请人；对方当事人被称为被申请人。

2）仲裁代理人

仲裁代理人是指依据法律的规定或当事人的授权在仲裁程序中以被代理人的名义进行仲裁活动的人。仲裁代理人包括法定仲裁代理人和委托仲裁代理人。

2. 仲裁申请

1）申请仲裁的条件

申请仲裁是启动仲裁程序的第一步。根据《中华人民共和国仲裁法》第21条的规定，当事人申请仲裁，必须符合一定的条件：

（1）存在有效的仲裁协议；

（2）有具体的仲裁请求和事实、理由；

（3）属于仲裁委员会的受理范围。

2）申请仲裁的方式

《中华人民共和国仲裁法》第22条规定：当事人申请仲裁，应当向仲裁委员会递交仲裁协议、仲裁申请书及副本。

《中华人民共和国仲裁法》第23条规定，仲裁申请书应当载明以下事项：当事人的姓名、性别、职业、工作单位和住所，法人或者其他组织的名称、住所和法定代表人或者主要负责人的姓名、职务；仲裁请求和所根据的事实、理由；证据和证据来源、证人姓名和住所。

3. 仲裁的审查与受理

（1）对仲裁申请的审查。当事人向仲裁委员会申请仲裁后，仲裁委员会就要对当事人的申请是否符合申请仲裁的条件进行审查，从而决定是否受理。审查主要依据《中华人民共和国仲裁法》第21条的规定。

（2）仲裁的受理。仲裁委员会收到仲裁申请书之日起5日内，经审查认为符合受理条件的，应当受理，并通知当事人；认为不符合受理条件的，应当书面通知当事人不予受理，并说明不予受理的理由。

4. 仲裁庭的形式

《中华人民共和国仲裁法》第30条规定：仲裁庭可以由3名仲裁员或者1名仲裁员组成。由3名仲裁员组成的，设首席仲裁员。在我国，仲裁庭有两种形式：合议仲裁庭与独任仲裁庭。

1）合议仲裁庭

合议仲裁庭是指由3名仲裁员组成的仲裁庭，以集体合议的方式对争议案件进行审理并做出裁决。合议仲裁庭应设首席仲裁员。首席仲裁员是合议仲裁庭的主持者，与其他仲裁员有同等的权利，但在裁决不能形成多数意见时，则应当按照首席仲裁员的意见做出。

2）独任仲裁庭

独任仲裁庭是指由1名仲裁员组成的仲裁庭，即由这名仲裁员对争议案件进行审理并做出裁决。

3）仲裁员的回避

根据《中华人民共和国仲裁法》第34条规定，仲裁员有下列情形之一的，必须回避，当事人也有权提出回避申请：

（1）是本案当事人或者当事人、代理人的近亲属；

（2）与本案有利害关系；

（3）与本案当事人、代理人有其他关系，可能影响公正仲裁的；

（4）私自会见当事人、代理人，或者接受当事人、代理人的请客送礼的。

5. 仲裁审理

仲裁审理是仲裁程序的中心环节，是指仲裁庭按照法律规定的程序和方式，对当事人交付仲裁的争议事项做出裁决的活动。

仲裁审理的主要任务是审查、核实证据，查明案件事实，分清是非责任，正确引用法律，确认当事人之间的权利义务关系，解决当事人之间的纠纷。

1）仲裁审理的方式

仲裁一般应当开庭进行。以下情况除外：

（1）当事人协议不开庭的，仲裁庭可以根据仲裁申请书、答辩书以及其他材料做出裁决。

（2）当事人协议公开的，但涉及国家秘密的，不能公开进行。

2）开庭审理与裁决

（1）开庭审理。仲裁委员会应当在仲裁规则规定的期限内将开庭日期通知双方当事人。当事人有理由的，可以在仲裁规则规定的期限内请求延期开庭。是否延期，由仲裁庭决定。

仲裁庭在审理过程中，有权收集证据，调查事实。双方当事人为了支持自己的主张，也应当对其请求、答辩和反请求所依据的事实提出证据。

在证据可能灭失或者以后难以取得的情况下，当事人可以申请证据保全。当事人申请证据保全的，仲裁委员会应当将当事人的申请提交证据所在地的基层人民法院。

（2）仲裁和解。仲裁和解是指仲裁当事人通过协商，自行解决已提交仲裁的争议事项的行为。仲裁和解是仲裁当事人行使处分权的表现。当事人达成和解协议的，可以请求仲裁庭根据和解协议作出裁决书，也可以撤回仲裁申请。如果当事人撤回仲裁申请后反悔的，则仍可以根据原仲裁协议申请仲裁。

（3）仲裁调解。仲裁调解是指在仲裁庭主持下，仲裁当事人在自愿协商、互谅互让的基础上达成协议，从而解决纠纷的一种制度。《中华人民共和国仲裁法》第51条第一款规定：仲裁庭在做出裁决前，可以先行调解。当事人自愿调解的，仲裁庭应当调解。调解不成的，应当及时做出裁决。

（4）仲裁裁决。仲裁裁决是由仲裁庭作出的。独任仲裁庭进行的审理，由独任仲裁员作出仲裁裁决;合议仲裁庭进行的审理,则由3名仲裁员集体作出仲裁裁决。根据《中华人民共和国仲裁法》的规定,由合议仲裁庭做出仲裁裁决时,根据不同的情况,采取不同的方式:第一种,按多数仲裁员的意见做出仲裁裁决,少数仲裁员的不同意见可以记入笔录;第二种,在仲裁庭无法形成多数意见的情况下,按首席仲裁员的意见做出仲裁裁决。

3)仲裁裁决的效力

根据《中华人民共和国仲裁法》第57条的规定:裁决书自做出之日起发生法律效力。仲裁裁决的效力体现在:

(1)当事人不得就已经裁决的事项再行申请仲裁;也不得就此提起诉讼;

(2)仲裁机构不得随意变更已生效的仲裁裁决;

(3)其他任何机关或个人均不得变更仲裁裁决;

(4)仲裁裁决具有执行力。

五、申请撤销仲裁裁决与仲裁执行

1. 申请撤销仲裁裁决

1)申请撤销仲裁裁决的理由

根据《中华人民共和国仲裁法》的规定,有下列情形之一的,当事人可以申请撤销仲裁裁决:

(1)没有仲裁协议;

(2)仲裁的事项不属于仲裁协议的范围或者仲裁委员会无权仲裁;

(3)仲裁庭的组成或者仲裁的程序违反法定程序;

(4)仲裁裁决所依据的证据是伪造的;

(5)对方当事人隐瞒了足以影响公正裁决的证据;

(6)仲裁员在仲裁该案时有索贿受贿、徇私舞弊、枉法裁决的行为。

2)法院对撤销仲裁裁决申请的处理结果

(1)撤销仲裁裁决。人民法院受理当事人提出的撤销仲裁裁决的申请后,经审查核实,认定当事人提出的申请成立,应当在2个月内裁定撤销该仲裁裁决。仲裁裁决被人民法院依法撤销后,当事人之间的纠纷还未解决的,当事人可以重新寻求解决纠纷的方法。

(2)驳回撤销仲裁裁决的申请。人民法院经过审查未发现仲裁裁决具有法定可被撤销理由的,应在受理撤销仲裁裁决申请之日起2个月内做出驳回申请的裁定。

(3)通知仲裁庭重新仲裁。根据《中华人民共和国仲裁法》的规定,人民法院受理当事人撤销仲裁裁决的申请后,如果认为可以由仲裁庭重新仲裁的,可以通知仲裁庭在一定期限内重新仲裁,并裁定中止撤销程序。仲裁庭拒绝重新仲裁的,人民法院应当恢复撤销程序。

2. 仲裁裁决的执行

1)仲裁裁决的执行条件

一方当事人不履行仲裁裁决时,另一方当事人(权利人)须向人民法院提出执行申请,人民法院才可能启动执行程序。是否向人民法院申请执行,是当事人的权利,人民法院没有主动采取执行措施对仲裁裁决予以执行的职权。

2) 当事人必须在法定期限内提出申请

当事人可以依照《中华人民共和国民事诉讼法》的有关规定办理申请执行的期限，双方或一方当事人是公民的为1年；双方是法人或者其他组织的为6个月。

3) 当事人必须向有管辖权的人民法院提出申请

当事人应向被执行人住所地或者被执行人财产所在地的人民法院申请执行仲裁裁决。

3. 仲裁裁决的不予执行

被申请执行人提出证据证明仲裁裁决有法定的不应执行的情形，可以请求人民法院不予执行该仲裁裁决。不予执行的情形如下：

(1) 当事人在合同中没有仲裁条款或者事后没有达成书面仲裁协议的；
(2) 裁决的事项不属于仲裁协议的范围或者仲裁机构无权仲裁的；
(3) 仲裁庭的组成或者仲裁的程序违反法定程序的；
(4) 认定事实的主要证据不足的；
(5) 适用法律确有错误的；
(6) 仲裁员在仲裁该案时有索贿受贿、徇私舞弊、枉法裁决行为的。

六、仲裁的程序

仲裁的程序如图9-2所示。

案例分析

杭州汽车交易仲裁院成立

2009年11月12日，随着杭州汽车交易仲裁院的成立，杭州汽车消费者在遇到汽车消费争议后，又多了一条解决争议的途径——汽车仲裁。

杭州汽车交易仲裁院的全称为"杭州仲裁委员会汽车交易仲裁院"，属于杭州仲裁委员会派驻杭州汽车市场相关协会、商会专门处理汽车争议的机构。该仲裁院对内将作为杭州仲裁委员会的内设机构，对外具体承办汽车交易仲裁案件，同时组建了杭州汽车交易仲裁管理委员会，拥有专门的汽车交易仲裁员队伍，制订了专门的汽车交易仲裁工作规则。

该机构的主要职能之一是通过仲裁的方式解决日常汽车消费过程中的各种纠纷。包括汽车整车生产、整车交易、二手车交易、汽车零部件交易、汽车配件用品交易、汽车维修与服务等与汽车相关的生产、销售及服务过程中所发生的争议，今后都可以向杭州汽车交易仲裁院申请仲裁。

杭州汽车交易仲裁院设在杭州市二手车流通行业协会。其中，杭州汽车交易仲裁院第一仲裁庭设在杭州市汽车配件用品商会；第二仲裁庭设在杭州市汽车行业协会；第三仲裁庭设在浙江省汽车市场专业协会。

一般情况下，消费争议仲裁材料齐全的，当天受理，当天就可以结案。费用方面，争议金额在1万元以内的，每件按50元收取仲裁费，在1万元~10万元的，按2.5%收取。

问题：

1. 什么是仲裁？

2. 仲裁相比其他维权途径有哪些优点?

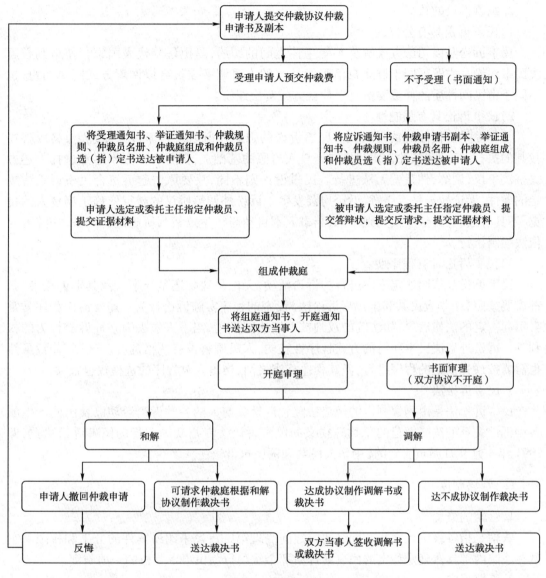

图 9-2　仲裁的程序

课题二　诉　讼　法

一、民事诉讼概述

1. 民事诉讼的概念

民事诉讼是指法院在当事人和其他诉讼参与人的参加下,以审理、判决、执行等方式解决民事纠纷的活动,以及由这些活动产生的各种诉讼关系的总和。民事诉讼动态地表现为法院、当事人及其他诉讼参与人进行的各种诉讼活动,静态地则表现为在诉讼活动中产生的诉讼关系。

2. 民事诉讼的特征

1）民事诉讼具有公权性

民事诉讼是以司法方式解决平等主体之间的纠纷,是由法院代表国家行使审判权解决民事纠纷。它既不同于群众自治组织性质的人民调解委员会以调解方式解决纠纷,也不同于由民间性质的仲裁委员会以仲裁方式解决纠纷。

2）民事诉讼具有强制性

强制性是公权性的重要属性。民事诉讼的强制性既表现在案件的受理上,又反映在裁判的执行上。调解、仲裁均建立在当事人自愿的基础上,只要有一方不愿意选择上述方式解决争议,调解、仲裁就无从进行。民事诉讼则不同,只要原告起诉符合民事诉讼法规定的条件,无论被告是否愿意,诉讼均会发生。诉讼外调解协议的履行依赖于当事人的自觉,不具有强制力,法院裁判则不同,当事人不自动履行生效裁判所确定的义务,法院可以依法强制执行。

3）民事诉讼具有程序性

民事诉讼是依照法定程序进行的诉讼活动,无论是法院还是当事人和其他诉讼参与,都需要按照《中华人民共和国民事诉讼法》设定的程序实施诉讼行为。违反诉讼程序常常会引起一定的法律后果,如法院的裁判被上级法院撤销、当事人失去为某种诉讼行为的权利等。诉讼外解决民事纠纷的方式程序性较弱,人民调解没有严格的程序规则,仲裁虽然也需要按预先设定的程序进行,但其程序相当灵活,当事人对程序的选择权也较大。

3. 民事诉讼法

民事诉讼法是由国家制定的规范法院和诉讼参与人的各种诉讼活动以及由此产生的各种诉讼关系的法律规范的总称。狭义的民事诉讼法专指我国现行的民事诉讼法典,即1991年4月9日颁布实施的《中华人民共和国民事诉讼法》。

二、管辖制度

1. 管辖的概念

管辖是指各级法院之间和同级法院之间受理第一审民事纠纷案件的分工和权限。它是在法院内部具体确定特定的民事案件由那个法院行使民事审判权的一项制度。

2. 管辖恒定

管辖恒定,是指确定案件的管辖权,以起诉时为标准,起诉时对案件享有管辖权的法院,不因管辖的事实在诉讼过程中发生变化而影响其管辖权。

管辖恒定可分为级别管辖恒定和地域管辖恒定。

1）级别管辖

我国的法院有4级,并且每一级都受理一审案件。根据案件的性质、繁简程度和案件影响的大小来确定级别管辖。

级别管辖中起诉时的诉讼标的额确定后,不因为诉讼过程中标的额增加或减少而变动。最高人民法院1996年5月在《关于执行级别管辖规定几个问题的批复》中规定,当事人在诉讼中增加诉讼请求从而加大诉讼标的额,致使诉讼标的额超过受诉法院级别管辖权限的,一般不再予以变动,但当事人故意规避有关级别管辖等规定的除外。

2)地域管辖

地域管辖是指按照各法院的辖区和民事案件的隶属关系来划分诉讼管辖,即将已划分同一级法院管辖的一审案件在各个法院之间进行分配。地域管辖中起诉时的标准确定后,不因为诉讼过程中确定管辖的因素的变动而改变,如管辖依被告住所地确定后,被告住所发生了变更,受诉法院的管辖权不受到影响。

地域管辖又有如下划分:

(1)一般地域管辖:即"原告就被告"。当被告住所地与经常居住地不一致的,由经常居住地人民法院管辖。对法人或者其他组织提起的民事诉讼,由被告住所地(即主要办事机构所在地或主要营业地)人民法院管辖。

(2)特殊地域管辖:

①因合同纠纷提起的诉讼,由被告住所地或者合同履行地人民法院管辖。

②因保险合同纠纷提起的诉讼,由被告住所地或者保险物所在地人民法院管辖。

③因票据纠纷提起的诉讼,由被告住所地或者票据支付地人民法院管辖。

④因铁路、公路、水上、航空运输和联合运输合同纠纷提起的诉讼,由被告住所地、目的地或者运输始发地人民法院管辖。

⑤因侵权行为提起的诉讼,由被告住所地或者侵权行为地人民法院管辖。

(3)专属管辖:

①因不动产纠纷提起的诉讼,由不动产所在地人民法院管辖。

②因港口作业中发生纠纷提起的诉讼,由港口所在地人民法院管辖。

③因继承遗产纠纷提起的诉讼,由被继承人死亡时住所地或者主要遗产所在地人民法院管辖。

此外,同一诉讼的几个被告住所地、经常的居住地在两个以上人民法院辖区的,各人民法院都有管辖权。原告可以向其中一个人民法院起诉,由最先立案的人民法院管辖。

(4)协议管辖。合同的双方当事人可以在书面合同中协商选择被告住所地、合同履行地、合同签订地、原告住所地、标的物所在地人民法院管辖,但不得违反本法对级别管辖和专属管辖的规定。

3.管辖权异议

管辖权异议是指当事人向受诉法院提出的该法院对案件无管辖权的主张。当事人对管辖权有异议的,应当在提交答辩状期间提出。人民法院对当事人提出的异议,应当审查。异议成立的,裁定将案件移送有管辖权的人民法院;异议不成立的,裁定驳回。

三、当事人与诉讼代理人

1.当事人

1)当事人的概念

当事人,是指因为民事上的权利义务关系发生纠纷,以自己的名义进行诉讼,并受人民法院裁判拘束的利害关系人。

当事人有广义和狭义之分。狭义的当事人仅仅指原告和被告;广义的当事人包括原告、被告、共同诉讼人和第三人。

2)当事人的关键概念区别

当事人中涉及到原告、被告、共同诉讼人、第三人与诉讼代表人的概念,其概念与区别见表9-2。

当事人的关键概念区别　　　　表9-2

原告	为维护自己或自己所管理的他人的民事权益,而以自己名义向法院起诉,从而引起民事诉讼程序发生的人
被告	被诉称侵犯原告民事权益或与原告发生民事争议,而由法院通知应诉的人
共同诉讼	当事人一方或者双方为两人以上的诉讼,可分为必要共同诉讼和普通共同诉讼
第三人	对原告和被告所争议的诉讼标的有独立的请求权,或者虽然无独立的请求权,但是案件的处理结果与其有法律上的利害关系,因而参加到正在进行的民事诉讼中去,以维护自己的合法权益的人。可分为有独立请求权的第三人与无独立请求权的第三人
诉讼代表人	诉讼代表人,是指为了便于诉讼,由人数众多的一方当事人推选出来的,代表其利益实施诉讼行为的人。诉讼代表人的条件:①本案的当事人;②具有诉讼行为能力;③能够善意地履行诉讼代表人职责

3)当事人的诉讼权利与诉讼义务

(1)权利:起诉、反驳、提起反诉;申请回避;委托诉讼代理人;搜集和提供证据;进行陈述、质证和辩论;选择调解;自行和解;申请财产保全和先于执行;申请顺延诉讼期间;提起上诉;申请再审;申请执行;查阅、复制与本案有关材料。

(2)义务:依法行使诉讼权利;遵守诉讼秩序;履行生效法律文书。

4)当事人的变更

当事人的变更是指在诉讼过程中,根据法律的规定或基于当事人的意思,原诉讼当事人被变更为新的当事人的一种诉讼现象。当事人的变更包括法定的当事人变更和任意的当事人变更。

2. 诉讼代理人

1)诉讼代理人的概念

诉讼代理人是指根据法律规定或经当事人的授权,代理当事人进行诉讼活动的人。

2)诉讼代理人的特点

(1)以被代理人的名义进行诉讼活动,诉讼代理的目的在于维护被代理人的合法权益;

(2)诉讼代理人是有诉讼行为能力的人;

(3)在代理权限内实施诉讼行为;

(4)诉讼代理的法律后果由被代理人承担;

(5)在同一诉讼中,不能代理双方当事人。

3)诉讼代理人的种类

诉讼代理人可分为两类:法定诉讼代理人和委托诉讼代理人。

法定诉讼代理人权利的产生基础是监护权。而委托诉讼代理人包括律师、当事人的近亲属、社会团体、当事人所在单位推荐的人以及经人民法院许可的其他公民。

案例分析

谁该赔偿张女士？

2009年6月的一天晚上，张女士在山西省城迎新街被一辆车撞到，送到医院治疗，一直到2011年8月才做出重伤鉴定，鉴定是7级伤残。

当时的肇事司机，是某事业单位的工作人员，所开汽车是单位公车。重伤鉴定下来后，肇事司机不仅不赔偿，更不知去向，如图9-3所示。张女士能否起诉该事业单位来获得赔偿？

问题：

(1) 本案例中谁是当事人？

(2) 该事业单位是否该对张女士进行赔偿？

图9-3 赔偿责任人

四、民事证据

1. 民事证据的概念

民事证据，是指在民事诉讼中能够证明案件真实情况的各种资料。民事证据不仅是当事人证明自己主张的证据材料，也是法院认定案件事实做出裁判的根据。

2. 民事证据的合法性

民事证据的合法性是有效证据的基本特征之一。合法性具体指4个方面，见表9-3。

民事证据的合法性　　　　　　　　　　　　　　　　　　　　　　表9-3

证据主体合法	例如：不能正确表达意志的人，不能作为证人。做出鉴定结论的主体必须具有相关的鉴定资格
证据形式合法	例如：向法院提交的证明材料必须有单位负责人签名或盖章，并加盖单位印章。保证合同、抵押合同等，需要以书面形式的合同文本加以证明
证据取得方法合法	法律规定证据取得方法必须合法是为了保障他人的合法权利不致因为证据的违法取得而受到侵害
证据程序合法	证据应当在法庭上出示，由当事人质证

3. 证据的种类

(1) 书证；

(2) 物证；

(3) 视听资料；

(4) 证人证言；

(5) 当事人陈述；

(6) 鉴定结论；

(7) 勘验笔录。

五、财产保全、先予执行和诉讼费用

1. 财产保全

1)财产保全的概念

财产保全,是指遇到有关的财产可能被转移、隐匿、毁灭等情形,从而可能造成对利害关系人权益的损害或可能使人民法院将来的判决难以执行或不能执行时,根据利害关系人或当事人的申请或人民法院的决定,而对有关财产采取保护措施的制度。

2)财产保全的条件

(1)必须是情况紧急,不采取财产保全将会使申请人的合法财产权益受到难以弥补的损害。

(2)必须由利害关系人向财产所在地的人民法院提出申请,法院不依职权主动采取财产保全措施。

(3)申请人必须提供担保否则法院将驳回申请,法院未责令提供担保的不在此限。

(4)案件必须有给付内容,属给付之诉。

(5)必须是由当事人一方的行为可能使判决难以执行的。

(6)必须在诉讼过程中提出申请。

3)财产保全的程序

(1)申请。诉前财产保全,由利害关系人在起诉之前向受诉法院提出申请。人民法院接受申请并裁定保全的,申请人在 15 日以内不起诉的即解除裁定保全。诉讼财产保全可以在起诉同时申请也可以在起诉以后申请。

(2)担保。人民法院可以责令申请人提供担保,申请人不提供担保的,驳回申请。

(3)裁定。当事人申请诉前保全的,人民法院接受申请后须在 48 小时内,做出裁定,裁定一旦做出即发生法律效力,当事人不服不得上诉,可申请复议一次,复议期间不停止对裁定的执行。

(4)解除。财产保全裁定的效力至生效法律文书执行时止,如果诉讼过程中需要解除保全措施的,法院应及时做出裁定解除保全裁定,如财产保全的原因和条件发生变化,不需要保全的;被申请人提供相应担保的;诉前保全的申请人在 15 日内未提起诉讼的等。

(5)赔偿。如果当事人申请财产保全有错误,被申请人因财产被保全而遭受损失的,申请人应当承担赔偿责任。

2. 先予执行

先予执行,是指人民法院在终局判决之前,为解决权益人生活或生产经营的急需,依法裁定义务人预先履行义务的制度。有关先予执行已在前面章节讲述过,此处不再重复阐述。

3. 诉讼费用

1)诉讼费用的概念

诉讼费用,是指当事人进行民事诉讼时依法应当向人民法院交纳和支出的费用。诉讼费用包括案件的受理费和其他诉讼费用,如图 9-4 所示。

2)财产案件的受理费

根据我国最高人民法院制定的《人民法院诉讼收费办法》的有关规定,对财产案件的受理费,是以诉讼标的额的大小,分段依一定的比例分别计算,然后将各段的数额相加即为案件的受理费的总额。

3) 诉讼费用的负担

根据案件的不同情况,诉讼费用主要有以下几种负担情形:

(1) 败诉人负担。

(2) 按比例负担。当事人各有胜负的,按责任大小负担案件受理费。

(3) 原告或起诉人负担。这种情况主要针对撤诉案件和驳回起诉的案件。

4) 诉讼费用的缓、减、免

诉讼费用的缓、减、免,是指应当交纳诉讼费用的当事人,因经济确有困难,暂时无力负担诉讼费用,经人民法院同意,可以缓交、减交或免交诉讼费用的制度。这种制度只适用于自然人,法人或非法人组织不可适用。

图 9-4 诉讼费用承担方

六、审判程序

1. 普通程序

普通程序是《中华人民共和国民事诉讼法》规定的人民法院审理第一审民事案件通常所适用的程序,也是民事案件的当事人进行第一审民事诉讼通常所遵循的程序。

1) 起诉与受理

起诉是指公民、法人和其他组织在其民事权益受到侵犯或与他人发生争议时,向人民法院提起诉讼,请求人民法院通过审判予以司法保护的行为。起诉是当事人获得司法保护的手段,也是人民法院对民事案件行使审判权的前提。起诉的条件如下:

(1) 原告必须是与本案有直接利害关系的公民、法人和其他组织;

(2) 有明确的被告;

(3) 有具体的诉讼请求、事实和理由;

(4) 属于法院受理民事诉讼的范围和受诉法院管辖。

法院接到当事人起诉后,应在七日内进行审查。经审查符合起诉条件的,予以受理;对不符合起诉法定条件的,裁定不予受理,对于该裁定,当事人可在接到裁定之次日起 10 日内上诉。

2) 开庭审理与延期审理

开庭审理的程序一般如下:准备开庭、法庭调查、法庭辩论、评议与裁判。

延期审理是指人民法院开庭审理后,由于发生某种特殊情况,使开庭审理无法按期或继续进行从而推迟审理的制度。根据《中华人民共和国民事诉讼法》第 132 条的规定,有下列情形之一的,可以延期审理。

(1) 必须到庭的当事人和其他诉讼参与人有正当理由没有到庭的;

(2)当事人临时提出回避申请的;
(3)需要通知新的证人到庭,调取新的证据,重新鉴定、勘验,或者需要补充调查的;
(4)其他应当延期的情形。

3)诉讼中止和诉讼终结

诉讼中止是指在诉讼进行过程中,因发生某种法定中止诉讼的原因,诉讼无法继续进行或不宜进行,因而法院裁定暂时停止诉讼程序的制度。根据《中华人民共和国民事诉讼法》第136条的规定,有下列情况之一的,应当中止诉讼。

(1)一方当事人死亡,需要等待继承人表明是否参加诉讼的;
(2)一方当事人丧失诉讼行为能力,尚未确定法定代理人的;
(3)作为一方当事人的法人或者其他组织终止,尚未确定权利义务承受人;
(4)一方当事人因不可抗拒的事由,不能参加诉讼的;
(5)本案必须以另一案的审理结果为依据,而另一案尚未审结的。
(6)其他应当中止诉讼的情形。

诉讼终结是指在诉讼进行过程中,因发生某种法定的诉讼终结的原因,使诉讼程序继续进行已经没有必要或不可能再继续进行,从而人民法院裁定终结诉讼程序的制度。

我国《中华人民共和国民事诉讼法》第137条规定,可以适用于诉讼终结的情形有以下几种:

(1)原告死亡,没有继承人,或者继承人放弃诉讼权利的。
(2)被告死亡,没有遗产,也没有应当承担义务的人的。
(3)离婚案件一方当事人死亡的。
(4)追索赡养费、抚养费、抚育费以及解除收养关系案件的一方当事人死亡的。

2. 第二审程序

我国实行两审终审制,当事人不服一审法院做出的裁判,可以向一审法院的上一级法院提起上诉,经上一级法院审理并做出裁判后,诉讼便告终结。二审做出的判决立即发生法律效力。

1)上诉的撤回

上诉一般可以撤回。上诉的撤回是指上诉人提起上诉后,在二审法院做出裁判前,要求撤回自己上诉的诉讼制度,这意味着对一审法院裁判的承认。

当事人依法撤回上诉应当得到法院的准许。但有两种情况,法院不应准许撤回上诉:

(1)二审法院认为一审法院的裁判确有错误或原审法院违反法定程序,可能影响案件准确裁判,需要改判或发回重审的。
(2)若双方当事人在上诉期内都提出上诉,各自的上诉理由又不一致的。

2)对第一审判决提起上诉的案件的裁判

(1)原判决认定事实清楚,适用法律正确的,判决驳回上诉,维持原判决。
(2)原判决适用法律错误的,依法改判。
(3)原判决认定事实错误,或者原判决认定事实不清,证据不足,裁定撤销原判决,发回原审人民法院重审,或者查清事实后改判。
(4)原判决违反法定程序,可能影响案件正确判决的,裁定撤销原判决,发回原审人民法院重审。

3. 审判监督程序

审判监督程序是指对已经发生法律效力的判决、裁定、调解书,人民法院认为确有错误,对案件再行审理的程序。审判监督程序只是纠正生效裁判错误的法定程序,它不是案件审理的必经程序。

1) 申请再审的条件

(1) 申请再审的主体必须合法。根据《中华人民共和国民事诉讼法》的规定,有权提出申请再审的,只能是原审中的当事人,即原审中的原告、被告、有独立请求权的当事人和判决其承担义务的无独立请求权的当事人以及上诉人和被上诉人。

(2) 申请再审的对象必须是已经发生法律效力的判决、裁定和调解书。

(3) 申请再审必须在法定期限内提出。根据《中华人民共和国民事诉讼法》的规定,当事人申请再审,应当在判决、裁定发生法律效力两年内提出。

(4) 申请再审必须符合法定的事实和理由。根据《中华人民共和国事诉讼法》的规定,应有如下情形:第一,有新的证据,足以推翻原判决、裁定的;第二,原判决、裁定认定事实的主要证据不足的;第三,原判决、裁定适用法律确有错误的;第四,人民法院违反法定程序,可能影响案件正确判决、裁定的;第五,审判人员在审理该案件时有贪污受贿、徇私舞弊、枉法裁判行为的。

2) 当事人申请再审的方式和程序

当事人对已经发生法律效力的判决、裁定,认为有错误的,可以向原审人民法院或者上一级人民法院申请再审,但不停止判决、裁定的执行。

当事人申请再审的,应当向人民法院提交申请书,并按对方当事人人数提供申请书副本。申请书应写明做出原审裁判的人民法院及裁判的编号、申请再审的理由及根据、申请再审的内容等。申请书是当事人向人民法院申请再审的表示。当事人提交再审申请书,便于人民法院审查和决定是否再审。

人民法院接到当事人或法定代理人的再审申请书后,应当进行审查。经过审查,认为符合条件、申请有理的,人民法院应当再审;否则,驳回申请。

4. 执行程序

执行是指人民法院的执行组织依照法定的程序,对发生法律效力的法律文书确定的给付内容,以强制力为后盾,依法采取强制措施,迫使义务人履行义务的行为。

1) 执行应当具备的条件

(1) 执行以生效的法律文书为根据;

(2) 执行根据必须具备给付内容;

(3) 执行必须以负有义务的一方当事人无故拒不履行义务为前提。

2) 申请执行的法定期限

如果权利人和义务人(债权人和债务人)双方都是法人或者其他组织,申请的期限为6个月;如果债权人和债务人双方中有一方有自然人的申请的期限为1年。

3) 执行措施

(1) 查询、冻结、划拨被执行人的存款;

(2)扣留、提取被执行人的收入；

(3)查封、扣押、冻结、拍卖或变卖被执行人的财产；

(4)搜查被执行人的财产；

(5)强制被执行人交付法律文书指定的财物或票证；

(6)强制被执行人迁出房屋或退出土地；

(7)办理有关财产权证照的转移手续；

(8)强制被执行人履行法律文书中指定的行为；

(9)强制被执行人支付延迟履行期间债务利息及其延迟履行金。

七、诉讼时效

诉讼时效是指法律规定的当事人通过诉讼程序请求法院保护其权利的有效时间，诉讼时效届满除法律规定外，权利人的请求权就不受法律保护。但债务人自愿履行债务的不受诉讼时效的限制。

1.诉讼时效期间

1)诉讼时效期间的概念

诉讼时效期间是指权利人请求人民法院保护其权利的法定期间。根据《中华人民共和国民法通则》的规定，诉讼时效从知道或者应当知道权利被侵害时起计算。

2)诉讼时效种类

(1)普通的诉讼时效期间。即向人民法院请求保护民事权利的诉讼时效期间为2年。

(2)特别的诉讼时效期间。只适用特定情况的诉讼时效，如《中华人民共和国民法通则》第136条规定：身体受到伤害要求赔偿的；出售质量不合格的商品未声明的；延付或拒付租金的；寄存财物被丢失或损毁的，诉讼时效期间为1年。《中华人民共和国合同法》第129条规定，国际货物买卖合同和技术进出口争议提起诉讼期间为4年。

2.诉讼时效的中止、中断与延长

1)诉讼时效的中止

诉讼时效的中止是指诉讼时效进行中，因发生一定的法定事由而使权利人不能行使请求权，暂时停止计算诉讼时效期间。待阻碍时效的事由消除后，时效继续进行。阻碍诉讼时效进行的法定事由为不可抗力及其他使权利人无法行驶请求权的客观情况。

根据《中华人民共和国民法通则》的规定，只有在诉讼时效期间的最后6个月内发生上述法定事由，才能中止时效的进行。

2)诉讼时效中断

诉讼时效中断是指在诉讼时效进行中，因发生一定法定事由，致使已经经过的时效期间统归无效，待时效中断的法定事由消除后，诉讼时效重新计算。引起诉讼时效中断的事由有：权利人提起诉讼；当事人单方向义务人提出履行义务的要求；当事人一方同意履行义务。

3)诉讼时效延长

诉讼时效延长是指人民法院对已经完成的诉讼时效，根据特殊情况而予以延长，这是法律赋予司法机关的一种自由裁量权，至于何为特殊情况，则由人民法院判定。

参 考 文 献

[1] 龙翼飞,宋晓明,陈群峰.合同法[M].北京:法律出版社,2008.
[2] 顾月琴. 汽车营销法律法规[M].北京:高等教育出版社,2009.
[3] 王成芬.营销法律法规[M].北京:科学出版社,2009.
[4] 赵晓东.汽车法律法规[M].北京:北京理工大学出版社,2011.
[5] 胡文娟,龚文资.汽车保险与理赔[M].北京:国防工业出版社,2012.
[6] 宗晓虹,钟新联.经济管理出版社[M].北京:经济管理出版社,2012.